Kurd von Schlözer

Verfall und Untergang der Hansa und des Deutschen Ordens in den Ostseeländern

Kurd von Schlözer

Verfall und Untergang der Hansa und des Deutschen Ordens in den Ostseeländern

ISBN/EAN: 9783955641825

Auflage: 1

Erscheinungsjahr: 2013

Erscheinungsort: Bremen, Deutschland

EHV
HISTORY

Verfall und Untergang

der

Hanſa und des deutſchen Ordens

in den Oſtſeeländern.

Von

Kurd von Schlözer.

Berlin 1853.
Verlag von Wilhelm Hertz.
(Beſſerſche Buchhandlung.)

Vorwort.

In meiner Schrift über die Hansa und den deutschen Ritterorden, welche vor zwei Jahren erschien, führte ich die Geschichte der deutschen Ostseeländer bis zum Ende des vierzehnten Jahrhunderts, mithin bis zu dem Zeitpunkte, wo sowohl die Hansa als auch der Orden in den baltischen Gebieten auf den höchsten Gipfel ihrer Macht gelangt waren.

Der vorliegende Band reiht sich unmittelbar an jene Arbeit an. Er umfaßt die Zeiten des fünfzehnten und sechszehnten Jahrhunderts, welche der Herrschaft des deutschen Ordens an den Ostseeküsten ein Ziel setzten, Livland unter fremde Botmäßigkeit brachten und den Städtebund der Hansa seiner Auflösung allmählig entgegenführten.

Mit diesem Bande schließt meine Geschichte der deutschen Ostseeländer ab.

Inhalt.

III.

IV.

V.

VI.

VII.

I.

Die Vereinigung Polens mit Litthauen zu einem Gesammtstaate, die im Jahre 1386 eingeleitet wurde, ist eins derjenigen Ereignisse, welche während des funfzehnten Jahrhunderts auf die politische und kirchliche Entwickelung des nordöstlichen Europas den nachhaltigsten Einfluß ausgeübt haben.

In politischer Hinsicht war die Verschmelzung dieser beiden Reiche besonders deshalb von wichtigen Folgen, weil die durch jenen Länderzuwachs neugekräftigte Großmacht Polen sich bald gen Westen und Osten erobernd auszudehnen suchte und somit für Deutschland wie für Rußland ein gleich gefährlicher Nachbar wurde. Die kirchliche Bedeutung aber, die sich an dieses Ereigniß knüpfte, lag darin, daß das bisher heidnische Litthauen eben durch die Verbindung mit der christlich-katholischen Krone Polen sich endlich zur Annahme des Christenthums und zur Anerkennung der geistlichen Oberherrschaft Roms genöthigt sah.

Seit dem Jahre 1230 nämlich, da der litthauische Staat von dem Großfürsten Ringold gegründet war, hatte hier die römische Kirche zu verschiedenen Malen den Versuch gemacht, der christlichen Lehre Eingang zu verschaffen. Bereits im Jahre 1252 war es den Bemühungen des Papstes Innocenz IV und seines Legaten, des Erzbischofs Albert von Riga gelungen, den Sohn und Nachfolger Ringolds, den Großfürsten Mendog zum Uebertritt zum Christenthum zu bewegen. Das siegreiche Vorschreiten des deutschen Ordens gegen die litthanischen Völkerschaften hatte hierbei den Ausschlag gegeben. Vor den Thoren seiner Hauptstadt Novogrodek in der Nähe des Niemen ließ Mendog sich mit seinem Sohne Wolstinik und mit den Vornehmsten des Landes taufen. Am 21. August 1253 ward der Erzbischof Albert vom Papste beauftragt, für Litthauen einen eigenen Bischofssitz zu errichten, um so dem christlichen Glaubenswerke unter den dortigen Völkern Halt und Sicherheit zu verleihen.[1]

Indeß zeigte sich bald, daß Mendog nicht aus innerer Ueberzeugung, sondern nur aus augenblicklicher Furcht vor der drohenden Stellung des deutschen Ritterstaates den heidnischen Glauben aufgegeben hatte. Kaum fühlte er sich stark genug, um dem Orden Stand halten zu können, so trat er von Neuem als der erbittertste Feind seiner christlichen Nachbaren auf. Sein Sohn Wolstinik, welcher der Lehre vom Kreuze treu geblieben war, mußte vor dem Zorn des Vaters nach Rußland flüchten. Alle Aussicht, Litthauen der römischen Kirchenherrschaft zu unterwerfen, war auf lange Zeit hin wieder zerstört. Eine Gesandtschaft, die um das Jahr 1324 vom Papste Johann XXII an den Großfürsten Gedimin geschickt wurde, um die Bekehrungsversuche zu erneuern, mußte unverrichteter Sache das Land wieder verlassen. Wenn sich auch an einzelnen Orten Litthauens damals bereits kleinere christliche Gemeinden gebildet haben mochten, so hielt dennoch die Mehrzahl der Litthauer mit unerschütterlicher Treue an dem heidnischen Glauben fest, und die wiederholten wilden Heerfahrten ihrer Großfürsten gegen die „Gottesritter" und Polen zeigten dem christlichen Europa nur zu deutlich, daß in den heiligen Hainen zwischen Bug und Niemen der Feuerdienst und die Verehrung der Schlangen nach wie vor in voller Kraft bestand.

Erst mit dem Ende des vierzehnten Jahrhunderts trat in diesen Verhältnissen eine allmählige Aenderung ein, als Jagiello, der damalige Großfürst von Litthauen, sich durch äußere Einflüsse bewogen fühlte, die Taufe anzunehmen und sich nebst seinem Volke ohne Rückhalt der abendländischen Kirche anzuschließen.

Litthauen zählte um jene Zeit bereits zu den mächtigsten Staaten des mittleren und östlichen Europas. Von den fremden Landesgebieten, welche Ringold im Norden und Nordwesten mit dem alten Ljetuwa,[2] dem Kernlande der Litthauer am Niemen vereinigt hatte, war freilich inzwischen der größte Theil den deutschen Rittern zugefallen: in Kurland übte der Orden eine unbestrittene Herrschaft; das Land der Schamaiten, das heutige Samogitien war fast gänzlich unter seine Gewalt gebracht. Aber für die Verluste, welche hier den litthauischen Staat getroffen, hatten seine kriegerischen Großfürsten sich nach anderen Seiten hin aufs glänzendste zu entschädigen gewußt. Vor Allem war von dem benachbarten Rußland, das eben damals unter dem Mongolenjoche in immer tiefere Zerstückelung versank, ein Gebiet nach dem anderen abgelöst worden: Polotzk, Smolensk, Kiew, Wolhynien und Podolien standen bald in engerem, bald in loserem Verbande mit Litthauen. Zweimal sah Moskau die heidnischen Schaaren des Großfürsten Olgierd vor seinen Mauern. Die Uferlande des Dnieper, von denen einst die Macht und Größe Rußlands ausgegangen waren, bildeten jetzt die östlichen Grenzmarken des litthauischen Reiches.

Nicht minder glücklich waren die Litthauer während des dreizehnten und vierzehnten Jahrhunderts fast in ihren sämmtlichen Unternehmungen im Westen gegen Polen gewesen.

Das polnische Reich, welches unter Boleslav dem Kühnen alle Lande zwischen der Elbe, dem Dnieper, den Karpathen und der Ostsee umfaßt hatte, war bereits seit dem Tode Boleslavs III unaufhörlich der Schauplatz innerer Wirren und Kämpfe geworden. Einer altslavischen Sitte gemäß hatte dieser Fürst im Jahre 1139 sein Land unter seine Söhne vertheilt: dem Aeltesten derselben waren Krakau und Schlesien, dem Zweiten Masovien und Kujavien, dem Dritten Gnesen und Pommern, dem Vierten war Sendomir zugefallen.[3] Dem väterlichen Wunsche gemäß sollten nun freilich die jüngeren Brüder jedesmal dem älteren, der den Titel eines Großherzogs führte, untergeordnet bleiben, damit so die Einheit des Reiches gewahrt werde. Aber gerade in dieser Einrichtung lagen die Keime zu langdauernden Familienfehden, die schon unter den nächsten Nachfolgern Boleslavs zum Ausbruch kamen. Keiner der Theilfürsten wollte die

Oberhoheit des Großherzogs anerkennen. Bald suchte der Eine durch List, der Andere durch Waffengewalt in den Besitz des Seniorats zu gelangen. Wie dabei das Familienband des polnischen Herrscherhauses mehr und mehr gelockert ward, so mußte zugleich der staatliche Zusammenhang der verschiedenen Landesgebiete völlig verloren gehen. Noch vor Ausgang des zwölften Jahrhunderts gelang es dem Fürsten von Pommern, sich der polnischen Botmäßigkeit zu entziehen. Um das Jahr 1210 mußte der Herzog Leszek von Krakau seinem jüngeren Bruder Konrad die Landschaften Masovien und Kujavien als eigene Herzogthümer abtreten. Neun Jahre später machte sich Galizien frei und fiel seinen früheren Herren, den Russen, zu. Schon war auch Schlesien dem polnischen Einflusse fast gänzlich entfremdet und hatte mit Deutschland die mannigfachsten Verbindungen angeknüpft, welche deutschem Leben und deutschem Rechte besonders in Niederschlesien raschen Eingang verschafften.

Unter solchen Verhältnissen vermochte das in sich zerrissene Polen den wiederholten Angriffen seiner auswärtigen Feinde lange Zeit hindurch keinen nachhaltigen Widerstand zu leisten. Ungehindert drangen im Jahre 1241 die Schwärme der Mongolen plündernd und verwüstend über die Weichsel bis in die schlesischen Gebiete vor. Früher bereits hatten die heidnischen Litthauer und Preußen ihre verheerenden Züge gegen Masovien begonnen, dessen Fürst sich endlich genöthigt gesehen, die Hülfe des deutschen Ordens in Anspruch zu nehmen und diesem dafür das Kulmer Land einzuräumen. Vor den Einfällen der Preußen wurde Masovien nun zwar allmählig sichergestellt; die Litthauer aber trieb immer neuer Kriegsmuth gegen die östlichen polnischen Grenzen und kaum hatten die deutschen Ritter im Jahre 1283 die Unterjochung der Preußen vollendet, als auch sie in feindliche Berührung mit Polen kamen und von nun an dessen gefährlichste Nachbaren wurden.

Mit dem Beginne des vierzehnten Jahrhunderts fand endlich eine andere Ordnung der Dinge in Polen Eingang. Wladislaw Lokietek, der Enkel Konrads von Masovien, der sich im Jahre 1306 der Herrschaft über Sendomir und Krakau bemächtigt hatte, vereinigte wenige Jahre später Kalisch und Posen, die alten Wojewodschaften Großpolens, mit seinem kleinpolnischen Fürstenthume an der oberen Weichsel und legte so den Grund zu einem neuen Reiche, das bald nach allen Seiten hin an Macht und Ausdehnung zu gewinnen versprach. Krakau erhielt wieder seine frühere Bedeutung als Mittelpunkt des Staates. Im Jahre 1320 ließ Wladislaw sich daselbst als König krönen. Dreizehn Jahre später starb er. Sein Sohn Kasimir der Große verfolgte mit vielem Glücke die vom Vater betretene Bahn. Durch ihn erhielt Polen sein erstes Gesetzbuch. Masovien ward nach langer Trennung aufs Neue mit dem Reiche als Lehnsstaat verbunden. Dem deutschen Orden mußte Kasimir freilich Pomerellen überlassen; dagegen fiel ganz Rothrußland dem polnischen Staate zu. Erst im Jahre 1370 setzte der Tod der segensvollen Regierung Kasimirs ein Ziel. Da er keinen Sohn hinterließ, so übernahm sein Neffe, der König Ludwig von Ungarn, die Mitherrschaft über Polen und als auch dieser im Jahre 1382 ohne männliche Nachkommen starb, so wurde jetzt seine Tochter, die damals eilfjährige Hedwig, von den Polen zur Königin ausgerufen. Drei Jahre später, am 15. Oktober 1385, fand ihre Krönung in der Hauptkirche zu Krakau statt.

Um das Leben dieser jugendlichen, durch Anmuth und Frömmigkeit ausgezeichneten Fürstin, welche von der Kirche unter die Zahl ihrer Heiligen aufgenommen worden ist, hat sich im Laufe der Zeiten ein so reicher Kranz von Sagen und Legenden geschlungen, daß sich nicht ohne Mühe das Wirkliche von den Gebilden der Phantasie scheiden läßt. Besonders ist es die Liebe Hedwigs zum Herzoge Wilhelm von Oesterreich und ihre spätere Heirath mit dem litthauischen Großfürsten Jagiello gewesen, deren sich die Volksdichtung schon früh bemeistert hat, um die Tugend und christliche Aufopferung der Königin zu verherrlichen. Dlugosz, der polnische Geschichtsschreiber, der im Jahre 1484 als Domherr zu Krakau starb, und Spätere erzählen, daß Hedwig von ihrem vierten Jahre an mit dem Herzoge Wilhelm verlobt gewesen und mit ihm erzogen worden sei. Als nun die edle Fürstentochter, deren Schönheit weithin in allen Landen bekannt war, zur Königin von Polen erhoben worden, habe Jagiello um ihre Hand werben und durch seine Gesandten zugleich den Polen erklären lassen, daß er um den Besitz ihrer erlauchten Herrin bereit sei, mit seinem ganzen Volke zum Christenthume überzutreten.[4]

Hedwig wollte von keiner Heirath mit dem Heiden etwas wissen, denn ihrer Verlobung mit dem Herzoge Wilhelm zu entsagen, schien ihr eine Todsünde. Aber die polnischen Großen waren mit Jagiellos Antrage zufrieden. Auf einer nach Krakau berufenen Reichsversammlung sprach sich die Mehrzahl des Adels für die Annahme seiner Vorschläge aus. Auch die Mutter Hedwigs war bereits zu Gunsten des litthauischen Großfürsten gestimmt, der bis dahin der gefährlichste Nachbar Polens, jetzt plötzlich in die engste Verbindung mit dem Reiche zu treten und das Heidenthum zu verlassen versprach.

Alle diese Umstände wirkten endlich entscheidend auf die junge Fürstin.

In einer Kapelle der Hauptkirche zu Krakau wird heute noch ein schwarzer Schleier und ein Crucifix gezeigt. Vor dem Crucifix soll Hedwig in den Stunden schwersten Kampfes durch unablässiges Gebet dem Himmel Kraft und Stärke abgerungen haben. Als sie den heiligen Ort verließ, nahm sie ihren Schleier und bedeckte damit das Bild des Heilands wie mit einem Leichentuch, worin sie ihre Liebe begrub. Dann erklärte sie sich bereit, die Verbindung mit Jagiello einzugehen.

Am 14. Februar 1386 erhielt der Großfürst die Taufe, bei welcher er den Namen Wladislaw II annahm und noch am selben Tage feierte er seine Vermählung mit Hedwig. Drei Tage später ward er zum Könige von Polen gekrönt.

Die nächste Aufgabe Wladislaws ging nun dahin, dem Heidenthum in Litthauen ein Ende zu machen. Vor Allem wurde daher in Wilna, welches damals die Hauptstadt der Litthauer und der Mittelpunkt ihres Götzendienstes war, das

„ewige Feuer“ ausgelöscht, Tempel, Opfersteine und Altäre zerstört. Die Schlangen, die in den einzelnen Wohnungen der Litthauer gleich Hausgöttern verehrt waren, wurden getödtet. Schaarenweise eilte dann das Volk auf das Gebot des Herrschers zur Taufe; ein jeder der Neubekehrten erhielt ein wollenes Kleid zum Geschenk.[6] Bald hatten sich die Geistlichen über das ganze Land ausgebreitet, um zu predigen und zu taufen, und aller Orten erhoben sich rasch an Stelle der heiligen Haine christliche Kirchen und Klöster.

So that Wladislaw die ersten Schritte, um auf kirchlichem Wege die Polen und die Litthauer einander näher zu bringen und diese zugleich in die Lebenskreise der abendländischen Kulturwelt hinüberzuführen. Ein fester staatlicher Zusammenhang ließ sich freilich dadurch zwischen jenen beiden Reichen nicht sogleich herstellen. Litthauen verblieb noch während 183 Jahren unter der Herrschaft seiner eigenen Großfürsten, welche zwar die Oberhoheit der polnischen Könige anerkannten, im Uebrigen jedoch die Unabhängigkeit des Landes stets zu wahren suchten. Zunächst übertrug Wladislaw seinem Bruder Skirgiel die großfürstliche Würde, dem im Jahre 1392 sein Vetter Witold folgte. Erst im Jahre 1569 ist Litthauen dem polnischen Reiche förmlich einverleibt worden.

Aber so lose auch der innere Verband sein mochte, in welchen Wladislaw II Polen mit Litthauen gebracht hatte, so läßt sich doch nicht verkennen, daß seit dem Jahre 1386 die alten Stammesfeindschaften, welche jene beiden Völker Jahrhunderte lang so oft gegen einander in die Waffen gerufen hatten, allmählig schwanden. Nach Außen hin, besonders Rußland und dem baltischen Ritterstaate gegenüber traten Polen und Litthauen zunächst als eine geschlossene Macht auf und bereits zu Anfang des funfzehnten Jahrhunderts mußte Deutschland sehen, wie das Gestirn seines Ordens mehr und mehr zu erbleichen begann vor dem Schlachtenmuthe der vereinten polnisch-litthauischen Heerschaaren.

Die Zeit der höchsten Machtentwickelung des deutschen Ordens, seine sogenannte goldene Zeit, die mit der Erhebung Winrichs von Knieprode zum Hochmeister im Jahre 1351 angefangen, hatte ohne Unterbrechung bis zum Beginn des funfzehnten Jahrhunderts fortgedauert. Noch im Jahre 1402 hatte der Hochmeister Konrad von Jungingen, der zweite Nachfolger Knieprodes die Neumark gegen eine beträchtliche Pfandsumme vom Könige Siegismund erstanden. Achtzehn Jahre früher war nach langen Kämpfen fast das ganze litthauische Schamaiten dem Orden zugefallen und so durch die Eroberung jener beiden Länder die Verbindung des Ritterstaates mit Livland wie mit dem deutschen Reiche immer enger geworden.[6]

Auch zur See hatte der Orden um jene Zeit eine bis dahin nie gekannte kriegerische Thätigkeit entwickelt, die ihm eine, freilich nur vorübergehende Herrschaft über Gothland verschaffte. Diese Insel war damals der Hauptsitz der baltischen Piraten geworden, welche besonders seit dem Jahre 1390 alle Gewässer der Ostsee mit Furcht und Schrecken erfüllten und dem Handel der norddeutschen Städte den empfindlichsten Schaden zufügten. Verschiedene Versuche, welche die Hansa angestellt hatte, um diesem Unwesen zu steuern, waren fruchtlos geblieben. Endlich rüstete Konrad von Jungingen auf den Wunsch der preußischen Seestädte im Jahre 1398 eine Flotte von mehr als achtzig großen und kleinen Schiffen aus, welche etwa vier- bis fünftausend Krieger nach Gothland übersetzen sollten. Mitte März liefen die Geschwader von Danzig aus und langten glücklich im Hafen Garn drei Meilen von Wisby an. Nachdem ein Theil der Mannschaften ans Ufer gesetzt war, nahmen die Feindseligkeiten sofort ihren Anfang. Der tiefe Schnee, welcher noch die ganze Insel bedeckte, verhinderte die Ritter freilich, von den mitgebrachten schweren Geschützen den gewünschten Gebrauch zu machen. Nichts destoweniger gelang es ihnen bald, drei Raubschlösser niederzubrechen und sich Wisbys zu bemächtigen. Der Fall der Hauptstadt entschied über das weitere Schicksal der Insel. Die Piraten, welche nicht durch die Flucht entkommen waren, wurden entweder niedergemacht, oder es ward ihnen eine Frist gesetzt, binnen welcher sie alle festen Plätze auf Gothland zu räumen hatten. In Wisby ward eine Besatzung von zweihundert Bewaffneten gelegt, welche der Herrschaft des Ordens über die ganze Insel Anerkennung verschaffen sollten. Seit jener Zeit mieden die Seeräuber das baltische Meer und verzogen sich allmählig gen Westen in die Nordsee. Der Orden aber blieb zehn Jahre hindurch im Besitze Gothlands.[7]

Während dieser Zeiten hatten die Kämpfe der deutschen Ritter mit den Litthauern fast keinen Augenblick geruht. Den hauptsächlichsten Grund des hier immer mit neuer Heftigkeit entbrennenden Krieges bildete das Land der Schamaiten, das im Jahre 1384 dem Orden vom Herzoge Witowd feierlichst abgetreten war, dessen Verlust aber die Litthauer niemals verschmerzen konnten. Fast alljährlich sah sich daher der Orden genöthigt, den größten Theil seiner Streitkräfte gegen den östlichen Nachbaren ins Feld zu stellen; im Jahre 1390 und 1394 drangen die Heerhaufen der Ritter bis zur Hauptstadt Litthauens, dem wohlbefestigten Wilna siegreich vor und im Jahre 1400 mußte der Großfürst von Litthauen sich bequemen, dem Orden von Neuem den unbeschränkten Besitz Schamaitens zuzuerkennen. Aber zu einem dauerhaften Frieden wollte es dessenungeachtet zwischen den Deutschen und Litthauern nicht kommen. Mochte daher der Hochmeister seine ganze Sorgfalt darauf verwenden, durch Anlegung von Burgen und Waffenplätzen im Lande der Schamaiten der dortigen Herrschaft des Ordens die gehörige Festigkeit zu verleihen, so wurzelte in diesem Volke die Stammesfeindschaft gegen die Deutschen doch zu tief, als daß sie nicht jede Gelegenheit aufs bereitwilligste hätten benutzen sollen, um sich dem Joche der verhaßten Fremden wieder zu entziehen. Schon im Jahre 1401 erwachten von beiden Seiten die Feindseligkeiten mit neuer Heftigkeit.[8]

Diese Kämpfe zogen sich mit wechselndem Glücke bis zum Jahre 1408 hin. Bis dahin hatte Polen trotz seiner Verbindung mit Litthauen an den Kriegen gegen den Orden noch keinen offnen Antheil genommen. Durch Nachgiebigkeit und rechtzeitiges Einlenken war es dem, von Natur zum Frieden geneigten Hochmeister Konrad von Jungingen während der ganzen Zeit seiner Amtsführung gelungen, den König Wladislaw-Jagiello von einer jeden Theilnahme an den litthauisch-deutschen Fehden fern zu halten. Jetzt aber traten plötzlich Verhältnisse ein, die hier zu einem gänzlichen Umschwunge der Dinge führten.

Am 30. März 1407 war Konrad von Jungingen gestorben. Als er sein Ende herannahen fühlte, hatte er zweien der einflußreichsten Ordensritter das Gelöbniß abgenommen, daß sein Bruder Ulrich von Jungingen, der damalige Ordensmarschall, dessen Tapferkeit bereits Aller Aufmerksamkeit auf sich gezogen, nicht zu seinem Nachfolger ernannt würde. Konrad kannte die wilde Kriegslust und besonders den ungestümen Haß des Bruders gegen Polen; seine Erhebung zum Hochmeister schien ihm in diesem Augenblicke höchst gefährlich, da es jetzt vor Allem darauf ankam, einem Kriege mit Polen fürs Erste noch aus dem Wege zu gehen.[9]

Aber die Mahnungen des sterbenden Meisters verhallten nur zu bald. Bereits drei Monate nach seinem Tode ward Ulrich an die Spitze des Ritterstaates gerufen. Die feindliche Gesinnung, welche der Orden durch diese Wahl an den Tag legte, konnte den Polen nicht verborgen bleiben. Schon hatte auch der König Wladislaw eine immer drohendere Stellung gegen den deutschen Nachbaren eingenommen. Enger als zuvor gestaltete sich jetzt sein Bündniß mit dem Großfürsten von Litthauen, um beim nächsten Anlaß gemeinschaftlich gegen den Westen handeln zu können. Die Geschicke der baltischen Ordenslande eilten ihrer blutigen Lösung entgegen.

Von welcher Seite der erste Anstoß zum Beginn der

Feindseligkeiten ausgegangen, läßt sich schwer bestimmen. Die Polen behaupten, daß folgender Umstand die äußere Veranlassung zum Kriege abgegeben habe.

In Folge einer allgemeinen Theurung, welche um das Jahr 1408 das litthauische Großfürstenthum getroffen, hatte König Wladislaw sich genöthigt gesehen, aus dem reichen Kornlande Kujavien die erforderlichen Lebensmittel nach Litthauen zu schicken. Zwanzig mit Getraide beladene Lastschiffe gingen die Weichsel hinunter, fuhren dann zur See, die östliche Küste des Ordensgebietes entlang, bis zur Mündung des Niemen und gelangten glücklich bis zu der am letztgenannten Flusse gelegenen Feste Ragnit, von wo die Kornvorräthe, der Weisung des Königs gemäß, weiter stromaufwärts nach Litthauen geschafft werden sollten. Hier aber wurden die polnischen Lastschiffe plötzlich von den Deutschen angehalten. Man wollte in Erfahrung gebracht haben, daß in den Fahrzeugen eine große Menge Waffen verborgen sei, die den Schamaiten zugeführt werden sollten, und auf Befehl des Hochmeisters bemächtigten sich jetzt die Ritter sofort der reichen Kornladungen.[10]

Diese Gewaltthätigkeit forderte Rache. Ein Krieg war nicht mehr zu vermeiden. In Samogitien sollte zuerst der Orden angegriffen werden. Schon mit Beginn des Jahres 1409 zeigten sich hier die bedenklichsten Bewegungen, die auf eine Gesammterhebung des Landes gegen die Deutschen hindeuteten. Aller Orten wurden die Wege verhauen und vergraben. In großen Haufen rüstete sich das Volk zum Auszuge mit Speer und Schild. Geheime Boten des Königs und des Großfürsten wiegelten fortgesetzt zur Empörung auf. Im Juni brach der allgemeine Aufstand los. Bereits waren auch in Polen und im Ordensgebiete die ansehnlichsten Vorkehrungen zum Kriege getroffen. Am 6. August endlich sandte der Hochmeister dem Könige den Fehdebrief."

Zu einer größeren Schlacht zwischen den erbitterten Gegnern kam es im Jahre 1409 nicht mehr. Der Waffenstillstand, zu welchem sich Anfangs October der König und der Hochmeister verständigten, schob die Entscheidung des Kampfes noch um acht Monate hinaus. Während dieser Zeit versuchten der König von Böhmen und später der König Siegismund von Ungarn eine friedliche Ausgleichung anzubahnen. Jedoch umsonst. Der Gang der Verhandlungen zeigte nur zu deutlich, daß hier einzig und allein das Schwert zu einer Lösung führen könne.

So nahte der Johannistag des Jahres 1410, mit welchem der Waffenstillstand zu Ende ging. Aus allen Nachbarlanden, aus Schlesien, Mähren und Böhmen hatte der Polenkönig inzwischen Streitkräfte an sich gezogen und diese mit den litthauischen und polnischen Heeresmassen vereinigt. Die böhmischen Hülfstruppen befehligte Ziska, der nachmals berühmte Feldherr der Hussiten. Selbst von jenseits des Dnieper waren große Haufen von Russen und Tartaren herbeigeeilt, um an dem Kampfe gegen den Westen Theil zu nehmen. Nicht minder thätig war der Orden gewesen. Seine Werbungen hatten sich fast über ganz Deutschland erstreckt; aus Meißen, Schlesien, Franken, Braunschweig, Westfalen und vom Rhein erfolgte der Hauptzuzug von Söldnerschaaren;

der Herzog von Stettin sandte seinen Sohn Kasimir mit sechshundert Rossen; die Livländer führte ihr Landesmarschall herbei; im Ordenslande selbst gab es wohl keinen Ort, der nicht sein Fähnlein zu dem allgemeinen Aufgebote gestellt hatte. Die Gesammtstärke des Ordensheeres wird auf 83,000 Mann angegeben, während der Polenkönig eine Macht von etwa 163,000 Mann vereinigt haben soll.[12]

Einer gemeinschaftlichen Uebereinkunft gemäß war nachträglich noch die Waffenruhe bis zum sechsten Tage nach Mariä Heimsuchung ausgedehnt worden. Am 8. Juli aber begann König Wladislaw sofort die Feindseligkeiten und sieben Tage später standen bereits die beiden Heere einander schlagfertig gegenüber.

Etwa drei Meilen südlich von Osterode im heutigen Ostpreußen liegt auf einer mäßigen Anhöhe das alte Dorf Tannenberg. Von dort zieht sich gen Süden, in der Richtung nach Gilgenburg hin, eine ununterbrochene Ebene, die anfangs bebaut, dann in eine gras- und baumlose Wüste ausläuft, deren südlichstes Ende durch einen Wald geschlossen ist. Auf diesem öden Blachfelde ward am 15. Juli 1410 die große Völkerschlacht zwischen dem deutschen Orden und den polnisch-litthauischen Heeren geschlagen.[13]

Eine schreckliche Nacht ging jenem verhängnißvollen Tage voran. Unter unaufhörlichen Blitzen und Donnerschlägen floß der Regen in Strömen vom Himmel herab. Dabei tobte der Sturm mit solcher Gewalt, daß in den Lagern beider Heere fast alle Zelte niedergeworfen wurden, und die Krieger schlaflos die Nacht hinbringen mußten. Noch bei

Anbruch des Tages hatte sich die Heftigkeit des Sturmes nicht gelegt.[14]

Um die Mittagszeit eröffnete der Großfürst von Litthauen den Angriff. Die ein und funfzig Banner des Ordensheeres hatte der Hochmeister in drei Treffen aufgestellt,[15] von denen die beiden vorderen sofort in den Kampf gezogen wurden. Heftig entbrannte nun der Streit. Mit gleicher Tapferkeit ward von beiden Seiten gefochten. Lange wogte die Schlacht unentschieden hin und her. Plötzlich beginnen die Haufen der Litthauer, Russen und Tataren zu weichen; die Böhmen und Mähren lösen sich in wilder Flucht auf; siegreich dringen die Ordensschaaren vor. Schon ist das polnische Hauptbanner niedergeworfen und längs der Schlachtlinie der Deutschen ertönt der Siegesgesang: Christ ist erstanden. Da ermannen sich mit einem Male die Polen. Durch das Eintreffen frischer Streitkräfte, die bisher im Rückhalt gelegen, wird ihr Muth von Neuem belebt. Bald flattert wieder der weiße Adler siegverkündend auf dem Reichspanier. Was von Fliehenden noch nicht zu weit zerstreut ist, wird wieder in den Kampf gezogen. So gelingt es den Polen, den Angriffen des Ordensheeres nicht nur Stand zu halten, sondern binnen Kurzem hier eine furchtbare Verwüstung anzurichten.

Als der Abend über das Schlachtfeld einbrach, war das Schicksal des Kampfes entschieden. Mit dem größten Muthe hatten die vereinzelten Ordensbanner sich den wüthenden Angriffen der Polen entgegenzustemmen gesucht. Aber die Uebermacht des Feindes war zu groß gewesen. Nirgends hatten die Deutschen, nachdem das Glück sie einmal verlassen, sich zu halten vermocht. Die Blüthe des Ordensheeres war gefallen, die Leichen der vornehmsten Führer deckten die Wahlstatt, den Hochmeister Ulrich von Jungingen selbst hatte inmitten des heftigsten Kampfgewühls ein tödtliches Geschoß getroffen. Das große Ordensbanner so wie das reiche Lager der Deutschen kam in die Hände der Sieger, die ihrerseits, wenn man den späteren Berichterstattern glauben darf, sechszigtausend Todte zählten.[16]

Die Kunde von diesem namenlosen Unglücke verbreitete im ganzen Ordensgebiete tiefe Trauer und Muthlosigkeit. Die besten Kräfte des Landes waren aufgeboten worden und nur wenige Stunden hatten hingereicht, um Alles zu vernichten. An neue Opfer war nicht zu denken; die letzten Widerstandsmittel waren erschöpft. Als daher der Polenkönig jetzt mit seinen Heeresmassen gen Norden aufbrach, um sich Marienburgs, der Hauptfeste des Ordens zu bemächtigen, zeigte sich nirgends ein Feind, der ihn am Vorrücken gehindert hätte. Weit und breit zerstreuten sich die ihm verbündeten Hülfstruppen, um ungestraft zu rauben und zu plündern. Ohne Schwertstreich ergaben sich die vornehmsten Burgen und Festen des Landes. Gesetz und Gehorsam schienen aufgelöst im ganzen Ordensstaate. Von allen Seiten eilten die weltlichen und geistlichen Machthaber herbei, um dem fremden Sieger zu huldigen. „Noch nie," schreibt ein Zeitgenosse, „ward in irgend einem Lande von so großer Untreue und so schneller Wandelung gehört."[17]

Vor Marienburg, wo Wladislaw in den letzten Tagen des Julimonats anlangte, zeigte sich ihm das Kriegsglück freilich minder hold. Der Graf Heinrich von Plauen, der Komthur von Schwez, welcher kurz vor der Schlacht bei Tannenberg vom Hochmeister zum Schutze Pommerns ausgesandt war, hatte gleich auf die erste Nachricht von dem Siege der Polen sich mit einer kleinen Schaar Ordensritter nach Marienburg begeben, um hier die nöthigen Vorkehrungen zur Vertheidigung zu treffen. Seiner Umsicht und der Ausdauer seiner Ritter gelang es nun wirklich, alle Angriffe der Belagerer zurückzuschlagen. Nach acht Wochen zog der König unverrichteter Sache ab und begab sich nach Polen zurück. Mittlerweile hatte sich auch in manchen Theilen des Ordensgebietes der Muth der Deutschen bereits wieder gehoben. Der glückliche Ausgang verschiedener Gefechte, welche die Ritter mit dem Feinde bestanden, stellte das frühere Vertrauen der Eingeborenen zur Ordensgewalt allmählig her. Dazu kamen von Nah' und Fern einzelne Zuzüge von Söldnerhaufen, mit deren Hülfe es dem Orden bald gelang, sich der hauptsächlichsten Plätze des Landes wieder zu bemächtigen. Als man daher im Februar 1411 in Thorn zum Abschluß eines Friedens schritt, mußte Polen sich mit dem Zugeständnisse begnügen, daß Schamaiten an König Wladislaw und an den Großfürsten von Litthauen auf deren Lebenszeit abgetreten wurde. Im Uebrigen blieben die Ritter im vollen Besitze sämmtlicher Gebiete, die sie vor dem Kriege innegehabt hatten.[18]

Indeß so scheinbar glücklich sich dies Alles für den Augenblick gestalten mochte, so konnten Tieferblickende sich doch schon damals nicht verhehlen, daß der Orden seit der Schlacht bei

Tannenberg in eine durchaus schwankende Lage gerathen war, welche für den Gang seiner Fortentwickelung das Bedenklichste in Aussicht stellte. Die Wunden, welche jener eine Unglückstag dem baltischen Ritterstaate geschlagen, hatten hier plötzlich Schäden und Gebrechen aufgedeckt, die bis dahin selbst dem geübtesten Auge verborgen geblieben sein mochten. Ein Geist der Zwietracht, des Mißtrauens und des Ungehorsams war in den höchsten und niedrigsten Schichten der Bevölkerung wach geworden, wie sich Aehnliches in früheren Zeiten niemals kund gegeben hatte. Zerrissen lag das Band der Brüderlichkeit und Eintracht, welches fast zwei Jahrhunderte hindurch den Orden in den Tagen des Glanzes wie der Trauer umgeben hatte; erlahmt war die alte Heldenkraft der Ritter, seitdem es dem fremden Sieger gelungen, in ihnen den Glauben an die Unfehlbarkeit ihrer so oft erprobten Waffen zu zerstören. Viele der Ordensbrüder hatten gleich nach der Tannenberger Niederlage das Land verlassen; ein Theil war nach Deutschland geflüchtet, Andere scheuten sich nicht, ihr Heil im feindlichen Lager des Polenkönigs zu suchen.[19] Bald hören wir nun auch im Lande selbst von wiederholten Verschwörungen des Adels gegen die Ordensgebietiger, von Widersetzlichkeiten der immer mächtiger sich erhebenden Städte gegen die Befehle ihrer rechtmäßigen Landesherren. Im Jahre 1411 verweigerte das reiche Danzig die von dem Hochmeister ausgeschriebene Schatzung und ließ sich zu offner Empörung gegen den Orden verleiten.[20] Fast gleichzeitig regte es sich im Kulmerlande: eine unzufriedene Partei des dortigen Landadels, deren Mitglieder hauptsächlich dem sogenannten Eidechsenbunde angehörten,[21] hatte in Gemeinschaft mit mehrern Ordensrittern den Plan entworfen, den neugewählten Hochmeister, den Grafen Heinrich von Plauen, den Retter Marienburgs, aus dem Wege zu räumen. Der verrätherische Anschlag ward noch früh genug vereitelt. Was indessen damals nicht zur Ausführung kam, gelang theilweise zwei Jahre später einer anderen Partei von Mißvergnügten, die sich unter den Ordensbrüdern selbst erhoben hatte: im Jahre 1413 ward Heinrich von Plauen seines Amtes entsetzt und in die erledigte Stelle rückte das Haupt seiner Gegner, der bisherige Ordensmarschall Michael von Sternberg.[22]

Durch diesen Wechsel der Personen wurde jedoch die Lage des Ritterstaates weder nach Außen noch nach Innen gebessert. Während im Ordenshause die Spaltungen unaufhaltsam tiefer gingen, stellte sich zugleich das Mißverhältniß immer deutlicher heraus, in welches die Ritter und Gebieter des Landes zu der übrigen Bevölkerung gerathen waren. Denn die alten Formen der Ordensherrschaft hatten sich überlebt und entsprachen nicht mehr den mannigfach gesteigerten Ansprüchen der Neuzeit. So lange der Orden in ungeschwächter Kraft dagestanden, von Sieg zu Sieg und von Eroberung zu Eroberung geeilt war, hatte die starre, militairisch-geregelte Verfassung, die er dem Lande gegeben, in den damaligen Verhältnissen ihre vollgültige Berechtigung gefunden: als Eroberer des Landes war der Ritter auch befugt, hier unumschränkt zu herrschen. Unter dem Schutze seines Schwertes hatten Handel, Gewerbe und Ackerbau in allen Ordensgebieten einen raschen Aufschwung genommen und wenngleich die Unterthanen von einer jeden Theilnahme an der Landesverwaltung ausgeschlossen waren, so mochte die Mehrzahl des Volkes über das Gefühl der Sicherheit und des Wohlstandes eine solche staatliche Beschränkung leicht vergessen.

Jetzt aber, wo der Ordensbau in seinen innersten Fugen erschüttert, der Glanz seines Schlachtenruhms geschwunden und ein nie geahndeter Jammer über das Land hereingebrochen war, jetzt zeigte sich alsbald in grellster Weise die Unzulänglichkeit des alten mönchisch-kriegerischen Ordensregimentes, welches zwar dem erobernden Ritterstaate einen äußeren Halt hatte geben können, jedoch nicht volksthümlich und lebenskräftig genug gewesen war, um zwischen Landesherren und Unterthanen ein festes nationales Band zu gründen.

Diesem Uebelstande hoffte man jetzt noch nachträglich durch die Einführung des sogenannten Landesrathes abzuhelfen. Schon im Jahre 1412 hatte Heinrich von Plauen besonders auf Veranlassung des Landmeisters von Livland die Bestimmung getroffen, daß fortan zwanzig der Vornehmsten vom Adel und sieben und zwanzig Bürger, je Zwei aus jeder bedeutenderen Stadt zur Theilnahme an der Landesverwaltung hinzugezogen werden sollten.[23] Im Jahre 1430 wurde dann diese Verfügung dahin geändert, daß der Landesrath aus dem Meister, aus sechs Ordensgebietern, sechs Prälaten, sechs Vertretern der Landesritterschaft und sechs Abgeordneten der Städte bestehen solle, die alle vom Hochmeister und dem Lande gewählt und jedes Jahr wenigstens einmal zusammen berufen werden mußten.[24] Dabei wurden für den Orden selbst wiederholte Gesetze erlassen, um den Gemeinsinn der Brüder wieder zu wecken und um zwischen ihnen und der Landbevölkerung allmählig ein engeres Verhältniß anzubahnen. So ward den Ordensgebietern im Jahre 1427 eingeschärft, den Landmann nicht mit ungewöhnlichem Schaarwerk zu belästigen und darauf Acht zu haben, daß ihre Amtleute nicht das Land beschwerten, endlich den Armen keine Hindernisse in den Weg zu legen, wenn sie sich mit Klagen an den Hochmeister wenden wollten.[25]

Aber alle diese wohlgemeinten Einrichtungen waren nicht geeignet, um die schweren Versäumnisse von zwei Jahrhunderten im Fluge nachzuholen. Zu tief lagen die Keime der allgemeinen Auflösung und was ein Einzelner als Rettungsmittel noch ersinnen mochte, brach nur zu bald in den schweren Zeitstürmen machtlos zusammen. Im Jahre 1440 hatte die Spannung des Ordens mit dem Adel und den Städten der preußischen Landschaften einen so hohen Grad erreicht, daß am 14. März die Ritter der Gebiete von Kulm, Osterode, Riesenburg, Christburg, Elbing, Dirschau und Mewe sich in Marienwerder mit neunzehn der vornehmsten Städte zum selbstständigen Schutze ihrer Gerechtsame zu einem Bunde vereinigten, der bald der Mittelpunkt alles Widerstandes gegen den Orden ward.[26] Daneben unaufhörliche Klagen der Zeitgenossen über Theuerung, Münzverschlechterung, über pestartige Seuchen und anderes Elend, das seinen hauptsächlichsten Grund in den andauernden Kriegen mit Polen und Litthauen hatte.[27] Hier war trotz des Vergleichs zu Thorn vom Jahre 1411 kein Friede aufrecht zu erhalten. Vergebens hatten sich der Papst, der deutsche König und die Kirchenversammlung zu Constanz bemüht, diesen Feindseligkeiten ein Ende zu machen; vergebens hatte der Orden sich zu den schmählichsten Opfern herabgelassen: schon war das Land Schamaiten durch den Melnoer Frieden vom Jahre 1422 für immer an Polen und Litthauen abgetreten, das Gebiet von Nessau, der Schlüssel zum preußischen Weichsellande ihnen preisgegeben, und noch immer ruhte der übermüthige Nachbar nicht mit seinen Forderungen.[28] Der Orden stand allmählig da, wie ein vergessener Vorposten, auf dessen Hülferuf und Klagen Niemand achten wollte. Denn im deutschen Mutterlande war die Theilnahme für die baltische Ritterkolonie bereits mehr und mehr geschwunden. Der fromme Eifer und Thatendrang, der früher unablässig dem Ordenslande aus allen deutschen Gauen die Schaaren seiner Kämpfer zugeführt hatte, war längst erloschen. Nur gegen hohen Lohn gelang es jetzt noch, die deutschen Kriegsleute zum Zuge nach dem fernen Ostseelande zu bewegen. Die ganze Vertheidigungslast der deutschen Nordmark war dem Orden zugefallen; die Kriege mit dem unversöhnlichen Osten drohten die letzte Kraft des Landes aufzuzehren.

In diese sich mühsam hinschleppenden Verhältnisse brachte endlich das Jahr 1454 eine rasche Entscheidung. Damals war so eben Konstantinopel in die Hände der Türken gefallen; am 29. Mai 1453 hatte Sultan Mahomed sich zum Herrn der Stadt gemacht. Während diese Vorgänge am Bosporus noch die ganze Aufmerksamkeit Deutschlands und der Abendwelt gefesselt hielten und die Furcht vor den Ungläubigen Alles in Aufregung versetzte, bereiteten sich gleichzeitig im baltischen Norden die gewichtigen Ereignisse vor, welche binnen Kurzem ein herrliches deutsches Koloniallland mit den blühendsten und mächtigsten Städten vom Reiche trennen und unter die Herrschaft Polens stellen sollten.

Die Verbindung der Städte und des Landadels, welche im Jahre 1440 ins Leben getreten war, hatte seit jener Zeit wenngleich weniger nach Außen, doch nach Innen immer mehr an Macht zugenommen. Mit dem wachsenden Ansehen dieses Bundes war aber, wie vorauszusehen, seine Stellung gegen den Orden allmählig durchaus unhaltbar geworden, so daß sich Letzterer endlich genöthigt fand, im Jahre 1453 bei dem deutschen Kaiser Friedrich III die Aufhebung jener staatsgefährlichen Genossenschaft zu beantragen. Friedrich zeigte sich den Wünschen des Ordens nicht abgeneigt, erklärte das Bestehen des Bundes für unrechtmäßig und überließ dem Orden, mit offner Gewalt dagegen einzuschreiten. Unter solchen Verhältnissen glaubten die Städte und Ritter, sich nach auswärtigem Beistand umsehen zu müssen. Ihr Blick fiel zunächst auf Polen und im Februar 1454 schickten sie eine Gesandtschaft nach Krakau zum Könige, um diesem sich und ihr Land zu übergeben. Nach einigem Zögern nahm der König das Anerbieten an, bestätigte dem Adel und den Städten alle ihre Privilegien und sandte, da inzwischen bereits die Feindseligkeiten ihren Anfang genommen hatten, alsbald zum Schutze des Bundes eine ansehnliche Heeresmacht nach Preußen.[29]

So begann jener ungleiche Kampf, der dreizehn Jahre lang das Ordensland verheerte und endlich im Jahre 1466 den Hochmeister zwang, den schmachvollen Frieden zu Thorn mit Polen abzuschließen. In diesem Friedensvertrage entsagte der Orden zu Gunsten Polens seiner Herrschaft über die Gebiete von Kulm, Michelau und Pomerellen; ebenso wurden die Städte Danzig, Thorn, Elbing, Marienburg und die Bisthümer Kulm und Ermeland dem Sieger abgetreten. Für den noch übrigen Theil der preußischen Ordenslande mußte der Hochmeister dem Polenkönige den Vasalleneid leisten.[30] Der baltische Ritterstaat hörte hiermit auf, als selbstständiges Gemeinwesen zu bestehen. Das stolze Werk der Deutschen, auf welchem zwei Jahrhunderte glorreichsten Strebens ruhten, zerfiel in Trümmer und in die verwüsteten Lande des Westens zog jetzt der slavische Sieger mit fremder Sprache, fremder Sitte und fremdem Rechte ein, um hier drei Jahrhunderte hindurch sein Wesen zu treiben.

Aber inmitten aller dieser Trübsal hatte der Genius Deutschlands bereits mit sicherer Hand das Fürstenhaus bezeichnet, welches dereinst die Leitung der Geschicke der deutschen Ostseelande übernehmen sollte. Denn nur wenige Monde waren seit der Tannenberger Schlacht verstrichen, als der neugewählte deutsche Kaiser Siegismund die Vertreter seiner Mark Brandenburg nach Ofen beschieden und ihnen erklärt hatte, es sei sein Wille, den vielbewährten Burggrafen Friedrich von Nürnberg dem Lande zum obersten Hauptmann und Verweser zu bestellen. Am 8. Juli 1411 war die Urkunde ausgefertigt worden, welche dem Hohenzollern die Landesregierung in der Mark übertrug. Und am 18. April 1417 wurde Friedrich feierlichst zu Konstanz mit der Mark belehnt.[31]

II.

Fast um dieselbe Zeit, wo der Großfürst Jagiello Litthauen und Polen mit einander vereinigte, wurde im europäischen Norden durch Margarethe von Dänemark der Grund gelegt zur nachmaligen Verbindung der drei skandinavischen Reiche zu einem Gesammtstaate, und während jener polnisch-litthauische Staatenbund, wie wir gesehen, bald nach seiner Entstehung einen entscheidenden Einfluß auf die Entwickelung der deutschen Ordenslande gewann, so knüpfte sich an die Bildung der skandinavischen Union eine wesentliche Umgestaltung in den Verhältnissen der deutschen Hansa.

Diese skandinavische Union, die gewöhnlich nach ihrem Stiftungsorte die Kalmarsche genannt wird, verdankt folgenden Umständen ihr Entstehen.

Als König Waldemar III von Dänemark im Jahre 1375 ohne männliche Nachkommen starb, herrschte in Norwegen sein Schwiegersohn, König Hakon VII. Seine Gemalin war die dänische Prinzessin Margarethe, damals zweiundzwanzigjährig, die ihm vor vier Jahren einen Sohn Namens Oluf geboren hatte. Bei den in Dänemark nun erfolgenden Wahlstreitigkeiten gelang es der klugen Frau Margarethe bereits im Jahre 1376, dem Prinzen Oluf die Anerkennung als König, sich selbst aber bis zur Volljährigkeit ihres Sohnes die Vormundschaft in der Regierung zu verschaffen. Oluf starb indeß nach eilf Jahren, ehe er noch selbst die Herrschaft hatte antreten können, und da inzwischen auch König Hakon mit Tode abgegangen war, so sah sich jetzt Margaretha im Besitze der dänischen und norwegischen Königskrone.

Bei allen diesen Vorgängen hatte die junge unternehmende Fürstin an der Hansa einen der thätigsten Bundesgenossen gefunden. Der Lübecker Bürgermeister Heinrich Westhof war ein entschiedener Bewunderer Margarethens, und Lübecks Stimme wog damals schwer in allen nordischen Angelegenheiten. Den gewichtigen Einfluß, welchen die Hansestädte durch den Stralsunder Frieden auf den dänischen Thron gewonnen, hatten diese im Jahre 1376 in vollem Maße zu Gunsten Margarethens geltend gemacht: Oluf war von der Hansa gegen Bestätigung ihrer alten Handelsfreiheiten als König anerkannt und dadurch die Anfangs fragliche Wahl nach dem Wunsche der Mutter entschieden worden.[32] Nicht minder hülfreich hatte sich die Hansa erwiesen, als es galt dem Unwesen der baltischen Piraten zu steuern, die seit Langem wieder alle Gewässer der Ostsee beunruhigten und sogar mit einem Theile des unzufriedenen dänischen Adels in Verbindung getreten waren. Margaretha hatte sich deshalb an die Hansa gewandt, war persönlich im Jahre 1384 auf der Tagefahrt zu Stralsund erschienen und hatte hier von den Städten die Zusage einer kräftigen Rüstung gegen die Seeräuber erhalten, während sie und die Großen ihres Reiches sich nur anheischig machen konnten, neun schwachbemannte Fahrzeuge zu stellen. Noch im selben Frühjahr gingen zwei mächtige hansische Kriegskoggen mit zwei Snikken und funfzig Bewaffneten in See, kreuzten bis Pfingsten gegen die Piraten und verscheuchten die Mehrzahl derselben in ihre Schlupfwinkel, so daß die baltische Schiffahrt den Sommer hindurch wieder ungestört betrieben werden konnte.[33] Das geschah freilich zum allgemeinen Besten der nordischen Handelswelt, insbesondere aber zu Gunsten Dänemarks und zwar nicht ohne große Opfer Seitens der Hansa. Als dann mit dem Jahre 1385 der Vertrag zu Ende ging, welcher während funfzehn Jahren die Herrschaft über Schonen den norddeutschen Seestädten eingeräumt hatte, stellten diese dem Könige Oluf redlich seine dortigen Besitzungen zurück und legten somit den Schlüssel zum Sunde wieder in die Hände Dänemarks.[34]

In so weit ließ sich also Alles gut für Margaretha an. Aber nach einer anderen Seite hin stieß sie jetzt bei der weiteren Durchführung ihrer Pläne auf einen gefährlichen Widerstand. Nachdem sie die dänische und norwegische Krone auf ihrem Haupte vereinigt hatte, ging ihre nächste Absicht dahin, sich nun auch der Herrschaft über Schweden zu bemächtigen; und hierdurch wurde der Grund zu langwierigen Verwickelungen gelegt.

In Schweden regierte seit dem Jahre 1363 der König Albert aus dem Hause der mecklenburgischen Herzöge, der inmitten der dänisch-hanseatischen Fehde durch den Einfluß der norddeutschen Städte zu jener Würde erhoben war. Diesen Fürsten gedachte Margaretha von seinem Throne zu verdrängen, was ihr um so leichter erschien, da Albert bei den Schweden wenig beliebt war und sich bereits die Mehrzahl des vornehmsten Reichsadels für die dänische Königin ausgesprochen hatte. Im Jahre 1389 eröffnete Margaretha die Feindseligkeiten. Unweit Falköping in der Gegend zwischen dem Weener- und Wettersee kam es am 24. Februar zur Schlacht, die für Albert höchst unglücklich auslief. In einem Sumpfe, wo er sich festgeritten hatte, wurde er gefangen und von dort gefesselt nach Lindholm abgeführt. Alsbald erklärte sich das ganze Land für Margaretha, die hohe Geistlichkeit trat auf ihre Seite, alle Schlösser des Reiches öffneten der Siegerin ihre Thore.[35]

Nur Stockholm bereitete sich zu einem mannhaften Widerstande vor. Hier bildeten die Deutschen, die theils des Handels wegen, theils in Begleitung König Alberts dorthin gezogen waren, den Kern der Bevölkerung. Schon seit geraumer Zeit genossen sie die bedeutendsten Vorrechte, nahmen wahrscheinlich bereits damals eine wichtige Stellung im städtischen Regimente ein und zeigten jetzt keine Neigung, die Sache ihres Fürsten und Landsmannes ohne Weiteres aufzugeben.[36] Dazu kam ihnen binnen Kurzem auch von Außen kräftige Hülfe: als Margaretha sich im Jahre 1391 zur Belagerung der Stadt anschickte, erwachte im Lande Mecklenburg eine allgemeine Theilnahme für die bedrängten Bewohner Stockholms und für das Schicksal des unglücklichen Königs. Herzog Johann, der Oheim Alberts, stellte sich selbst an die Spitze eines Geschwaders, um seinen Neffen aus der Gefangenschaft zu befreien. Zahlreiche Kaperschiffe wurden gegen die Dänen ausgerüstet. Die Städte Wismar und Rostock ließen einen Aufruf ergehen, daß alle diejenigen, „welche auf eigene Kosten gegen Schweden, Dänemark und Norwegen freibeutern und dort rauben, plündern und brennen wollten," sich melden möchten, um sogenannte „Stehlbriefe" oder Kaperbriefe zu erhalten, der Wismarsche und Rostocker Hafen würden ihnen offen stehen, um ihren Raub zu bergen und ihn dort nach Belieben zu verkaufen. Zugleich machte Herzog Johann bekannt, daß seine Häfen Ribnitz und Golwitz ebenfalls diesen Freibeutern zum Zufluchtsort dienen sollten.[37] So bildete sich rasch aus den von allen Seiten in Wismar und Rostock zusammenströmenden Abenteurern der Verein der Vitalienbrüder, jener ungestümen Raubgesellen, die zunächst keinen anderen Zweck hatten, als den Stockholmern Victualien zuzuführen, die aber bald mit den übrigen baltischen Piraten gemeinsame Sache machten, sich Gothlands bemächtigten und von hier aus zur See und auf den benachbarten Küsten ihre Plünderungszüge unternahmen.

Die thätige Theilnahme, welche die Bundesstädte Rostock und Wismar diesen Angelegenheiten zuwandten, versetzte die Hansa in eine eigenthümliche Lage. Einerseits wollte sie nicht feindlich gegen Margaretha auftreten und mußte daher das Verfahren jener beiden Städte aufs Heftigste mißbilligen; andererseits aber erkannte man sehr wohl, daß nur durch die Befreiung des Königs Albert, worauf die Mecklenburger unablässig hinarbeiteten, die nordischen Wirren beigelegt werden könnten. Inzwischen dauerte die Belagerung Stockholms bereits ins dritte Jahr, ohne daß sich den Dänen Aussicht eröffnete, die Stadt zur Uebergabe zu zwingen und dabei traten die Vitalienbrüder mit einer solchen Keckheit gegen Freund und Feind auf, daß selbst die deutschen Städte sich gezwungen sahen, ihre schonische Reise während drei Jahren aufzugeben, wodurch die Fischerlager am Sunde verödeten und „der Häring sehr theuer ward.“[38]

Endlich im Jahre 1394 rüstete sich die Hansa zu entscheidenden Schritten, um die Ruhe im Norden wieder herzustellen. Zum allgemeinen Schrecken der Vitalianer, die so eben erst Malmoe überfallen und in Brand gesteckt hatten,[39] erschien eine städtische Flotte im Sunde und da mittlerweile Margaretha selbst die Hand zu Friedensverhandlungen geboten, so gingen um Pfingsten des folgenden Jahres Abgeordnete der Hansa nach Schonen mit dem Auftrage, die Befreiung Königs Albert aufs Nachdrücklichste zu betreiben.[40] Daß sich dieser Gesandtschaft zwei Bevollmächtigte des deutschen Ritterordens angeschlossen hatten, konnte auf den Gang der einzuleitenden Unterhandlungen nur einen günstigen Einfluß ausüben, da Konrad von Jungingen, der damalige Hochmeister, sowohl zur Hansa als auch zur Königin Margaretha in den freundschaftlichsten Beziehungen stand.[41] Bereits am Frohnleichnamstage des Jahres 1395 ward zu Lindholm ein Waffenstillstandsvertrag auf drei Jahre unterzeichnet, wonach einstweilen König Albert in Freiheit gesetzt und Stockholm den Hanseaten übergeben wurde.[42] Während der Dauer der Waffenruhe behielt man sich die Regelung der übrigen streitigen Angelegenheiten vor. Zugleich verpflichteten sich die Hansestädte, nach Ablauf dieser drei Jahre entweder den König selbst wieder an Margaretha auszuliefern, oder ihr ein für seine Person bedungenes Lösegeld von 60,000 Mark löthigen Silbers zu entrichten, oder endlich Stockholm wieder zu räumen. Zu Michaelis 1398 sollten dem Vertrage gemäß alle diese Verhältnisse geordnet sein.

Die drei Jahre verstrichen. Albert war gleich nach seiner Befreiung nach Mecklenburg gegangen und hatte hier und in Preußen vergebliche Versuche gemacht, sein Lösegeld zusammenzubringen. In Stockholm lag seit dem 1. August 1395 eine starke hanseatische Besatzung, des Augenblicks gewärtig, wo wieder König Albert oder Margaretha von der Stadt Besitz ergreifen würden. Der Uebermuth der baltischen Vitalianer war endlich gebrochen, seitdem die deutschen Ordensritter sich Gothlands bemächtigt und die Schaaren der Piraten gesprengt hatten.

Inzwischen war Margaretha mit unermüdlichem Eifer der Erreichung ihrer hohen Ziele nachgegangen. Um zunächst die Thronfolge in Norwegen und Dänemark ihrem Hause zu sichern, hatte die Königin, die selbst kinderlos war, ihren Großneffen Erich, einen Sohn des Herzogs Wratislaw von Stolpe aus Hinterpommern, an ihr Hoflager kommen lassen und hatte diesen mit Zustimmung der Räthe jener beiden Reiche zum Thronerben erhoben. Ein Gleiches war darauf in Schweden geschehen: am 11. Juli 1396 hatte man den Pflegesohn Margarethens, dem heimischen Brauche gemäß, auf dem Morasteine zum künftigen Könige erwählt. Nach solchen glücklichen Erfolgen nahm die Königin keinen Anstand, nun auch an die Ausführung des größten ihrer Lebenspläne Hand zu legen. Es galt, die Vereinigung Dänemarks, Norwegens und Schwedens öffentlich auszusprechen.

Die Grundlagen, auf welchen diese Staatsunion sich stützen sollte, waren etwa folgende. Die drei Reiche stehen fortan unter einem Könige. In jedem derselben nimmt wie bisher der Reichsrath Theil an der Regierung. Stirbt der König kinderlos, so haben die Rathgeber der Reiche einen Nachfolger zu wählen. Wird eins der drei Länder in einen auswärtigen Krieg verwickelt, so müssen die beiden anderen Länder Hülfe leisten. Jeder der drei Staaten bleibt bei seinem Rechte und Gesetze. Innerhalb der drei Reiche darf keine Fehde stattfinden. Verträge mit auswärtigen Fürsten und Städten haben für alle drei Reiche bindende Kraft.

Diese Punkte wurden in einer Akte zusammengefaßt. Nachdem dann im Juni des Jahres 1397 Erich zu Kalmar zum gemeinsamen König über Dänemark, Norwegen und Schweden ausgerufen war, erließ die Königin etwa vier Wochen später an ihrem Namenstage jene Urkunde, welche den ewigen Verein der drei Reiche besiegeln sollte.[43]

Während sich so für Margaretha alle Verhältnisse aufs Günstigste gestalteten, sah König Albert eine Hoffnung nach der anderen schwinden. Das Lösegeld war nicht aufzutreiben. Immer näher rückte der Michaelistag des Jahres 1398 heran. Die Hansa drang auf Entscheidung. Endlich wurde der Bürgermeister Wulflam von Stralsund an den König abgeschickt, um von ihm eine bestimmte Erklärung einzuholen, wie er es mit den Bedingungen des Lindholmer Vertrages zu halten gedenke. Als Albert auch jetzt noch in ausweichender Weise antwortete, gaben die Städte seine Sache auf. Stockholm wurde geräumt und an Margaretha überliefert. So verlor König Albert sein Reich.[44]

Die entschiedene Haltung, welche die Hansa während aller dieser Verhandlungen beobachtet hatte und welche nicht ohne fördernden Einfluß auf die Vollendung des skandinavischen Unionswerkes gewesen war, trug wesentlich dazu bei, den freundschaftlichen Beziehungen des nordischen Fürstenhauses zu den deutschen Seestädten für die nächste Zeit eine immer festere Gestalt zu verleihen. Als im Herbste des Jahres 1399 die hansischen Abgeordneten auf Seeland erschienen, um von Margaretha die Bestätigung der Handelsprivilegien in ihren drei Reichen zu erwirken, gelang es der Vermittelung dieser Gesandtschaft, sogar die ungetreuen Städte Wismar und Rostock wieder mit der Königin auszusöhnen.[45] Alle früheren Freiheiten wurden nun dem gesammten Bunde erneuert und während noch vor wenigen Decennien zwischen der Hansa und dem Dänenreiche die erbittertste Fehde bestanden hatte, traten hier noch vor dem Schlusse des Jahrhunderts jene beiden Mächte in die engste Verbindung zu einander.

Auch zu Anfang des folgenden Jahrhunderts bestand dieses Einverständniß der skandinavischen Reiche mit der Mehrzahl der norddeutschen Bundesstädte in fast ungeschwächter Kraft fort. Vor Allem aber mochten Margaretha und Erich, in richtiger Schätzung der einflußreichen Stellung Lübecks und in dankbarer Anerkennung der ihnen von dem Haupte der Hansa gewährten Unterstützung, darauf bedacht sein,

3*

gerade mit dieser Stadt in gutem Vernehmen zu bleiben und wohl nicht ohne Genugthuung erfaßte Erich die erste Gelegenheit, die sich ihm im Jahre 1415 darbot, um dem Rathe Lübecks ein deutliches Zeichen seiner treuen Bundesgenossenschaft zu geben.

Die demokratischen Bewegungen, welche sich damals in den meisten deutschen Städten zeigten, waren auch in Lübeck bereits um das Jahr 1405 in bedenklichster Weise zum Vorschein gekommen. Den äußeren Anlaß zum Ausbruch dieser Volksunruhen bildete hier die Zerrüttung der Geldverhältnisse, an welcher das Lübecker Gemeinwesen um jene Zeit krankte. Eine Reihe von großen Ausgaben, die theils durch den von den Lauenburgern erworbenen Pfandbesitz von Mölln und Bergedorf, theils durch kostspielige städtische Bauten und durch die Austiefung der Delvenau, besonders aber durch die fortgesetzte Theilnahme Lübecks an den nordischen Kriegen herbeigeführt waren, hatte allmählig die Schuldenlast des Staates auf eine so unverhältnißmäßige Höhe getrieben, daß der Rath genöthigt ward, zur Ausschreibung von neuen Abgaben zu schreiten. In Folge dieser Maßregel hatten schon im Jahre 1403 die ärgerlichsten Erörterungen zwischen dem Rathe und der Bürgerschaft begonnen, ohne eine Verständigung herbeiführen zu können, so daß die Bürger endlich um Michaelis 1405 aus ihrer Mitte einen Ausschuß von sechszig Männern wählten, welche im Namen der gesammten Gemeinde nicht nur die Geldverhältnisse mit dem Rathe regeln, sondern auch alle städtischen Angelegenheiten unter ihre Aufsicht nehmen sollten. Der bedrängte Rath gab hierin den Wünschen der

Bürgerschaft nach, trat in Verhandlung mit dem Sechsziger-Ausschusse, der bald im Gefühle seiner Macht die ihm ursprünglich eingeräumte Befugniß überschritt und eine gänzliche Aenderung der städtischen Verfassung verlangte. Seine anfänglichen Forderungen, die in etwa hundert Artikeln zusammengefaßt wurden, gingen vornehmlich dahin, daß allen Beamten des Rathes Beisitzer aus der Bürgerschaft beigegeben werden sollten, um zu wissen, wofür die öffentlichen Gelder verwandt würden. Ein weiterer Antrag der Sechsziger sprach dann unumwunden das Verlangen aus, daß die Bürgerschaft in Zukunft an der Wahl der Rathsmitglieder Theil nehmen möge, und zwar in der Art, daß die betreffenden Wahlen gemeinschaftlich von vier Rathsherren und sechs Bevollmächtigten der Bürgerschaft bewerkstelligt würden.[46]

Auf solche Forderungen konnte der Rath nicht eingehen. In wiederholten Verhandlungen mit dem Sechsziger-Ausschuß suchte er diesem begreiflich zu machen, wie derartige Neuerungen in schneidendem Widerspruche zu den uralten städtischen Satzungen ständen, die durch den Kaiser und das Herkommen geheiligt wären; wegen einzelner Punkte sei man bereit, sich mit dem Volke zu verständigen; indeß die Wahl des Rathes der Gemeinde zu übergeben, könne dieser vor seinem Eide nicht verantworten.

Aber schon hatte die leicht erregbare Menge der Bevölkerung aufs Entschiedenste für die Vorschläge der Sechsziger Partei ergriffen. In zahlreichen Versammlungen, die gewöhnlich in der Katharinenkirche oder auf dem Domkirchhofe abgehalten wurden, hatte der Ausschuß der Bürgerschaft durch wohlberechnete Reden sich der Gemüther des Volks zu bemächtigen gewußt. Schon waren auf dem Rathshause selbst, wohin man die Gemeinde am Freitage vor Palmarum 1406 entboten hatte, in Gegenwart des Rathes die drohendsten Zeichen der allgemeinen Gährung und Unzufriedenheit an den Tag getreten. Ein gütlicher Vergleich stand hier nicht mehr zu erwarten.

Da der Rath sich auf Gewaltmaßregeln nicht einlassen wollte oder konnte, weil ihm hierzu die erforderlichen Mittel fehlen mochten, so sah sich endlich im Jahre 1408 die Mehrzahl seiner Mitglieder genöthigt, Lübeck zu verlassen. Nur sechs der Herren beschlossen, ihr Amt nicht aufzugeben und blieben in der Stadt zurück. Unter den Ausziehenden, vierzehn oder siebenzehn an der Zahl,[47] befanden sich Heinrich Westhof, der Freund Margarethens, zwei Pleskows, ein Ahlen, ein Westpfal, ein Warendorf, alles Männer, an deren Namen sich die glänzendsten Erinnerungen Lübecks und der Hansa knüpften, die aber jetzt aus den Wohnsitzen ihrer Väter weichen mußten, um sich draußen Recht zu verschaffen. Ein Theil derselben begab sich anfangs nach Hamburg, Andere nach Lüneburg. Mit ihnen wanderte damals eine Menge der angesehensten Bürger Lübecks aus und theilte lange Jahre hindurch in Gemeinschaft mit den Rathsherren alle Mühen und Entsagungen der Verbannung.[48]

In der Stadt selbst schritt nun die Volkspartei von einem Triumphe zum andern. Vorerst wurden die zurückgebliebenen Mitglieder des Raths gezwungen, die Bücher, Schlüssel, Siegel und Kleinodien der Stadt auszuliefern. Dann machte man sich an die Bildung eines neuen Rathes. Vergebens suchte noch der Bischof von Lübeck dem Treiben der Sechsziger, welche die ganze Bewegung leiteten, Einhalt zu thun; die Worte des ehrwürdigen Geistlichen verklangen spurlos in dem allgemeinen Siegestaumel. Schon im Mai 1408 wurden aus dem Kaufmannsstande und den Handwerkern zwölf Männer gewählt, welche in die verlassenen Rathsstühle einrückten; später kamen noch andere zwölf hinzu. So hatten die Führer der Bürgerschaft erreicht, was sie wollten: sie waren im Besitz der Herrschaft.

Etwa sieben Jahre hielt sich dieses Regiment. Aehnliche Bewegungen hatten inzwischen in Hamburg, Rostock und Wismar stattgefunden und hatten auch hier mit dem Siege des Volkes geendet.[49] Da kommt im Sommer des Jahres 1415 von jenseits des Sundes die Schreckensbotschaft nach Lübeck, daß König Erich gegen vierhundert Lübecker Bürger in Schonen habe aufgreifen und zugleich verkünden lassen, er würde diese Gefangenen nicht eher freigeben, als bis die Stadt Lübeck sich wieder mit ihrem vertriebenen Rathe ausgesöhnt habe.[50]

So unerwartet die Nachricht von diesen Gewaltschritten den Lübeckern kommen mochte, so hatte ihnen doch unmöglich entgehen können, daß Erichs Bemühen schon seit Langem darauf gerichtet gewesen, der Volksherrschaft in der Travenstadt ein Ende zu machen und daß er von der lebhaftesten Theilnahme für den alten Rath beseelt war. Hiervon hatte er erst vor Kurzem einen nicht undeutlichen Beweis gegeben.

Die ausgewanderten Rathsherren hatten es nämlich in

ihrer Verbannung keinesweges an Versuchen fehlen lassen, wieder zu ihrem Rechte zu gelangen. Besonders war der Bürgermeister Jordan Pleskow hierin sehr thätig gewesen und hatte sowohl vom Kaiser Ruprecht als auch vom Kaiser Siegismund für seine und seiner Mitgenossen Sache ein durchaus günstiges Urtheil erwirkt: bereits im Jahre 1410 und wiederholt im Jahre 1415 war die Stadt Lübeck wegen Auflehnung gegen ihre rechtmäßigen Herren und Gebieter in die Reichsacht erklärt worden. Indeß hatte der dortige neue Rath die Vollstreckung dieses Urtheils in sehr geschickter Weise zu verhindern gewußt. Dem geldbedürftigen Kaiser Siegismund wurde eine Summe von 25,000 Gulden angeboten, wogegen dieser die vorläufige Versicherung ertheilte, daß der alte Rath niemals wieder nach Lübeck zurückkehren, daß vielmehr die Herrschaft bei den Kaufleuten und Handwerkern verbleiben und daß die über die Stadt verhängte Acht aufgehoben werden sollte. So weit ging Alles gut. Wenn nun der Kaiser nur nicht die Schlußbedingung hinzugefügt hätte, daß jene drei Bestimmungen nicht anders in Kraft treten dürften, als wenn er sich außer Stande sähe, die angebotene Summe von 25,000 Gulden den Lübeckern wieder zurückzuzahlen; falls er aber das Geld bis zum nächsten St. Georgentage, den 23. April, zurückerstatte, so würden dadurch zugleich die sämmtlichen dem neuen Rathe gemachten Zugeständnisse für null und nichtig erklärt.[51]

Dies war eine gefährliche Klausel, wenngleich für den Augenblick noch nichts Beunruhigendes darin lag. Ende Juli erschien in Lübeck ein kaiserlicher Bevollmächtigter in der Person des Freiherrn von Zydow, um für seinen Herrn die 25,000 Gulden in Empfang zu nehmen. An eine Wiedererstattung dieser Summe Seitens des Kaisers war wohl nicht so leicht zu denken, da derselbe sich, wie bekannt, unaufhörlich in Geldverlegenheiten befand.[52]

Was aber Siegismund nicht zahlen konnte, das wollte König Erich zahlen, der schon lange auf einen passenden Anlaß gewartet haben mochte, um der herrschenden Partei in Lübeck eine Verlegenheit zu bereiten. Ob die vertriebenen Rathsherren deshalb mit dem Könige damals in Unterhandlung getreten sind, oder ob dieser hier ganz nach eigenem Plane gehandelt, oder ob um jene Zeit bereits ein Umschwung der öffentlichen Meinung in Lübeck stattgefunden und sich eine Partei von Unzufriedenen zusammengefunden hatte, mit welchen Erich in Einverständniß trat, das Alles läßt sich nicht beweisen. Nur so viel steht fest, daß jetzt plötzlich vom Könige das Anerbieten an die Lübecker gemacht ward, ihnen die 25,000 Gulden auszuzahlen, und als dieser Vorschlag zurückgewiesen wurde, erfolgte sofort die oben erwähnte Verhaftung der vierhundert Bürger auf Schonen.

Von nun an ging es rasch bergab mit der Macht des neuen Rathes. Schon im Frühjahre 1416 erschienen in Lübeck zwei kaiserliche Kommissarien, welche den Auftrag hatten, die Angelegenheiten der Reichsstadt zu ordnen. Im Namen des Kaisers erging vorerst an die dortigen Einwohner der strenge Befehl, sich aller politischen Zusammenkünfte zu enthalten. Ein Verein von Handwerkern, welche trotz dieses Verbotes ihre nächtlichen Berathungen nicht aufgeben wollten, ward mit bewaffneter Macht gesprengt; sechszehn Mitglieder desselben wurden aus der Stadt gewiesen, die beiden Rädelsführer, von denen der Eine dem neuen Rathe angehörte, wurden enthauptet.[53] Inzwischen hatten sich auch bereits aus Hamburg und den wendischen Städten Abgeordnete in Lübeck eingefunden, um hier gemeinschaftlich mit den kaiserlichen Kommissarien das weitere Schicksal der Stadt zu berathen.[54] Am 15. Juni 1416 wurde endlich der Schiedsspruch gefällt, wonach der neue Rath auf die Regierung verzichten mußte. Tags darauf hielten die ausgewanderten Rathsherren nebst den Bürgern, welche ihnen im Jahre 1408 in die Verbannung gefolgt waren, ihren feierlichen Einzug in Lübeck und nahmen wieder von ihren früheren Aemtern Besitz. Da ein Theil der Rathsherren in der Fremde gestorben war, so wählte man in weiser Berücksichtigung der Umstände, für einzelne der erledigten Stellen Mitglieder des abgetretenen Rathes. Im Uebrigen erlitt die Verfassung keine Veränderung; alle während der letzten acht Jahre gemachten staatlichen Einrichtungen wurden wieder aufgehoben.

Jetzt gab auch Erich die auf Schonen gefangenen Bürger frei. Die Dankbarkeit aber, welche der lübsche Rath dem Könige als dem Haupturheber seiner Wiedereinsetzung schuldete, brachte bald die Verhältnisse der deutschen Reichsstadt zu Dänemark in das Geleise des früheren Einverständnisses zurück, das während der jüngsten demokratischen Wirren auf so empfindliche Art gestört worden war. Schon im Jahre 1417 schlossen Lübeck und die anderen Seestädte mit Erich ein gegenseitiges Schutzbündniß,[55] dessen Bedeutung der König in jenem Augenblicke nicht hoch genug anschlagen konnte, da eben damals die auswärtigen Angelegenheiten seines Reiches in die mißlichste Lage gerathen waren.

Seit dem Jahre 1409 stand Dänemark mit Holstein in fast ununterbrochener Fehde. Den Gegenstand dieses Zwistes bildete das Herzogthum Schleswig. Schon im Jahre 1404, wo Herzog Gerhard von Holstein im Kampfe gegen die Ditmarschen gefallen war, hatten die Streitigkeiten zwischen der Krone Dänemark und den holsteinschen Grafen um den Besitz des schleswigschen Herzogthums begonnen. Nach zwei Jahren war es freilich der Umsicht Margarethens gelungen, einen Waffenstillstand herbeizuführen, während dessen der Zwist auf gütlichem Wege ausgeglichen werden sollte. Jedoch ihr Tod, der im Jahre 1412 erfolgte, und der nun dem leidenschaftlichen Könige Erich die alleinige Führung der Reichsangelegenheiten einräumte, verschloß plötzlich wieder jede Aussicht auf eine friedliche Beilegung dieser Händel. Bereits zwei Jahre darauf eröffneten die Ditmarschen, die fest zum Dänenkönige hielten, den Krieg gegen den jungen Herzog Heinrich, den ältesten der Söhne Gerhards. Im Jahre 1415 erschien Erich selbst an der Spitze eines Heeres, zu welchem auch Schweden Kraft des Unionsvertrages seine Mannschaften gestellt hatte und bemächtigte sich des ganzen Herzogthums mit Ausnahme der wohlbefestigten Stadt Schleswig. Jetzt griffen die Holsteiner durch die Noth gedrängt zu einem wirksamen Mittel: sie riefen die gefürchteten Vitalienbrüder, die schon lange die Ostsee aufgegeben und sich in die westlichen Meere verzogen hatten, zum Beistande auf. Kaperbriefe gegen die skandinavischen Reiche wurden ausgetheilt, alle Häfen Holsteins den kühnen Freibeutern geöffnet und bald durchschwärmten diese nach alter Weise die südlichen Gewässer der Ostsee. So ward es den Holsteinern möglich, den Feind zur See und zu Lande aufs Erfolgreichste zu beschäftigen. Im Sommer des Jahres 1416 mußte König Erich sich wieder nach Dänemark zurückziehen, nachdem alle seine Versuche, die Stadt Schleswig den Holsteinern zu entreißen, gescheitert waren.[56]

Wie faßte man nun diese holsteinisch-dänischen Wirren in den Hansestädten, besonders in den Ostseeplätzen auf? Man sah sich beinahe wieder in die nämliche Lage versetzt, in welcher man vor zwanzig Jahren gewesen war, als Margaretha den Krieg um die schwedische Krone gegen Albrecht von Mecklenburg führte. Jetzt wie damals ein deutscher Fürst im Kampfe mit dem Dänenthum; die Ostsee beunruhigt durch die Vitalianer; Schiffahrt und Handel aufs Aergste gefährdet. Die Rolle, welche damals Rostock und Wismar übernommen hatten, war jetzt dem kühnen Hamburg zugefallen, das für den holsteinschen Herzog aufs Kräftigste Partei ergriffen hatte. In den Ostseestädten aber, vornehmlich in Lübeck, das so eben erst durch Erich aus dem Zustande der Anarchie herausgerissen war, entschied man sich für den Dänenkönig, dessen Sache auch bereits am deutschen Kaiser Siegismund einen der eifrigsten Vertheidiger gefunden hatte. Noch im Herbste 1416 sandte der lübecker Rath den Dänen auf Fehmern von Travemünde aus eine Ladung Pulver und Kugeln nebst Feuergewehren.[57] Im folgenden Jahre ward dann, wie wir gesehen, das Bündniß abgeschlossen, wodurch sich Erich und die Seestädte verpflichteten, zum gegenseitigen Schutze ein Heer von tausend Mann auszurüsten. Bald verbot auch die Bundesstadt Lüneburg allen Handel nach Holstein.[58]

Diese dänenfreundliche Politik der baltischen Hansestädte hatte ihren Hauptgrund in den Handels-Interessen derselben; das läßt sich nicht in Abrede stellen. Zu einer nachhaltigen Feindschaft gegen Holstein war kein Grund vorhanden. Die Hansa suchte vorerst nur dem Kriege, der allen Verkehr und Handel störte, so rasch wie möglich Einhalt zu thun, um dann mit dem vollen Gewichte ihres Ansehens als Vermittlerin zwischen den streitenden Parteien aufzutreten. Als daher im Jahre 1417 der Kampf in Schleswig eine immer bedrohlichere Wendung nahm, erschienen Abgeordnete von Lübeck, Wismar, Rostock und Lüneburg und machten Vorschläge zu einem Waffenstillstande, nach welchem die Streitfrage einem schiedsrichterlichen Ausspruche übergeben werden sollte. Der König und die Holsteiner gingen hierauf ein. Als Unterpfand der beiderseits zu beobachtenden Waffenruhe wurden Schleswig und Tondern einstweilen den Hanseaten zur Besetzung übergeben.[59]

Aber im Laufe der Friedensunterhandlungen, welche bald darauf begannen, ward es den Städten allmählig klar, welch undankbarem Geschäfte sie sich unterzogen hatten. Sowohl die Dänen als auch die Holsteiner ließen sich die ärgsten Verletzungen des Waffenstillstandes zu Schulden kommen. Dabei wurde der König immer mißtrauischer gegen die Hanseaten, indem er diese von dem Augenblicke an, wo sie das Amt der Vermittlung übernommen, nicht mehr als Bundesgenossen, sondern als Feinde betrachtete. Anfangs wußte Erich jene veränderte Gesinnung freilich noch zu verdecken. „Aber nicht lange nachher kriegten die Städte," wie die lübecker Chronik schreibt, „andere Augen, und sie wurden gewahr, daß der König Anderes im Sinne führte, als seine guten Worte gelautet hatten."[60] Das Mittel, welches Erich anwandte, um sich an den Hanseaten wegen ihres vermeintlichen Treubruchs zu rächen, bestand darin, daß er die zum Bunde gehörigen holländischen Städte durch Begünstigungen aller Art an sich heranzog und sie endlich zum Abfall von der Hansa zu bewegen wußte.

Ein großer Theil der niederländischen Städte, etwa zwanzig an der Zahl, stand mit der Hansa bereits seit dem vierzehnten Jahrhunderte in bald näherem, bald fernerem Zusammenhange.[61] Während der bedeutungsvollen Jahre 1368 und 1369 hatten sie die Ostseestädte aufs Kräftigste gegen Dänemark unterstützt, hatten die von ihnen verlangten Schiffe und Mannschaften gestellt und waren nirgends hinter den Leistungen der übrigen norddeutschen Bundesstädte zurückgeblieben. Diese Hingebung hatte die Hansa ihnen von Anfang an schlecht gedankt. Einzelnen jener Städte, wie Kampen, Stavern, Zütphen und Harderwyk war es freilich schon früher durch eigene Anstrengung gelungen, auf Schonen Niederlassungen zu gründen und sich an dem dortigen Handel, so wie an der Häringsfischerei zu betheiligen.[62] Aber östlich vom Sunde in den Gewässern des baltischen Meeres wurden die holländischen Schiffe nur ungern geduldet: hier durften sie sich eben so wenig wie die Flanderer, Engländer und die übrigen Kauffahrer des Westens blicken lassen. Denn die Ostsee sollte nun einmal nach den Grundsätzen der Hansa ein deutsches Meer sein und, wenngleich Holland damals zum deutschen Reiche gehörte, so nahmen doch Lübeck und dessen Genossen hierauf keine weitere Rücksicht, da sie nur zu gut erkennen mochten, daß gerade die seekundigen Bewohner der Niederlande sich am leichtesten zu gefährlichen Nebenbuhlern ihres baltischen Geschäftes erheben könnten.

Diese Ungunst scheinen die holländischen Bundesstädte lange Zeit ruhig ertragen zu haben. Erst zu Anfang des funfzehnten Jahrhunderts hören wir von einzelnen Versuchen, welche ihre Kaufherren machten, weiter in die Ostsee vorzudringen, um dort ihre Schiffe mit Korn zu befrachten. Von Alters her bis auf den heutigen Tag haben nämlich die Niederlande verhältnißmäßig wenig Getreide hervorgebracht. Die dortigen Niederungen eignen sich mehr zur Viehzucht als zum Kornbau, und wie noch jetzt für den europäischen Getreidehandel nächst London Amsterdam den wichtigsten Markt bildet, so mußten auch schon in früheren Zeiten die Holländer alljährlich große Kornvorräthe vom Auslande beziehen, um so der eigenen Armuth abzuhelfen. Die Gegenden, von denen ihnen das nöthige Getreide zugeführt wurde, waren hauptsächlich die reichen Küstenländer der Ostsee. Nichts natürlicher, als daß die Niederländer endlich daran dachten, ihren Kornbedarf auf eigenen Schiffen von den baltischen Häfen zu holen. Ließ sich das auf offenem Wege nicht erreichen, so nahm man zum Schleichhandel seine Zuflucht; sie suchten unerlaubte, sogenannte Klipphäfen auf, kauften hier ihr Korn zu billigen Preisen ein und führten dann die verbotene Fracht auf die heimathlichen Märkte.[63] In ähnlicher Weise hatten die unternehmenden Engländer es bereits im Jahre 1381 gemacht.[64]

Kaum wurde dies ruchbar, so erhoben die eifersüchtigen Seestädte Klage. Auf der Tagefahrt des Jahres 1417, wo die Abgeordneten von vier und vierzig hanseatischen Städten erschienen, ward festgesetzt, daß kein Schiffherr oder Kaufmann, bei Strafe der Beschlagnahme seiner Fracht, durch den Sund oder durch den Belt, oder von der Elbe und Weser aus Getreide verschiffen solle, es sei denn, daß er es in einer Hansestadt gekauft habe.[65]

Eine solche Maßregel mußte die Holländer aufs Tiefste verletzen. Die Mißstimmung aber, die sich in Folge dieses Beschlusses bei ihnen kundgab, wußte Niemand besser auszubeuten, als König Erich, dem bereits jedes Mittel recht war, um seinem Unmuthe gegen die Hansa Luft zu machen. Er räumte den Holländern jetzt neue Handelsvorrechte auf Schonen ein, ermunterte sie zur Feindschaft gegen ihre früheren deutschen Bundesgenossen und suchte sie endlich zu bewegen, ganz auf seine Seite zu treten.[66] Schon das Jahr 1423 zeigte den Hanseaten nur zu deutlich, daß die Bemühungen des Königs nicht ohne Erfolg geblieben waren. Als gegen Ende September jenes Jahres die Flotten der Lübecker, Rostocker und Wismaraner nach Schonen ausliefen, schlossen die Holländer, welche sich dort zum Häringsfange eingefunden hatten, ein Bündniß mit König Erich, um gemeinschaftlich die hanseatischen Schiffe zu überfallen. Diese wurden noch zeitig genug von dem Vorhaben unterrichtet[67] und vereitelten den ganzen Plan, indem sie die großen holländischen Fahrzeuge, welche der König mit seinen Leuten bemannen und zu jenem Angriffe hatte benutzen wollen, ihrer sämmtlichen Segel, Anker und Instrumente beraubten. Aber die Absicht Erichs und seiner Verbündeten war jetzt kein Geheimniß mehr: das Verhältniß der Holländer zur Hansa hatte sich gelöst, und ohne Rückhalt trat nun auch diese mit den feindseligsten Maßregeln gegen ihre ehemaligen Genossen hervor. Im Jahre 1425 beschloß die hanseatische Tagefahrt, daß man keinen holländischen Schiffer auf Livland befrachten solle.[68] Jahrs darauf erschien die Bestimmung, daß keinem außerhanseatischen Kaufmann, vornehmlich keinem Holländer gestattet werden dürfe, in Livland die russische Sprache zu lernen.[69] Zugleich wurde das frühere Verbot wieder in Erinnerung gebracht, wonach kein Hanse mit einem Nichthansen gemeinschaftliche Geschäfte machen solle.[70] Acht Jahre später ward allen Fremden, welche des Handels wegen die Hansestädte besuchten, aufs Strengste untersagt, sich länger als drei Monate dort aufzuhalten.[71] Ins Besondere wurde den Hansestädten selbst eingeschärft, zu verhüten, daß kein Lombarde, Engländer, Flandrer und kein Holländer in irgend einer Bundesstadt Schiffe baue.[72] Im Jahre 1440 endlich untersagten die Städte die Einfuhr von allen holländischen Waaren, namentlich von holländischen Tüchern.[73]

Bei diesen Verboten gegen die Holländer konnte indeß

die Hansa nicht stehen bleiben. Nachdem König Erich einmal seine feindselige Gesinnung gegen die Seestädte an den Tag gelegt hatte, waren diese es sich selbst und den Holsteinern, für die sie als Vermittler aufgetreten, schuldig, ihre ganze Waffenmacht einzusetzen, um die schleswigsche Frage zu einer endlichen Lösung zu bringen. Noch einmal versuchten Lübeck, Wismar, Rostock und Stralsund im Jahre 1426, den König durch einen letzten Vorschlag zu einer friedlichen Erledigung jener Angelegenheit zu bewegen. In Hadersleben verlangten die Abgeordneten dieser Städte von Erich die Belehnung der holsteinischen Herren mit dem Herzogthume.[74] Als hierauf eine abschlägige Antwort erfolgte, ward der Krieg beschlossen. Sofort rüsteten Lübeck, Hamburg, Rostock, Wismar, Lüneburg und Stralsund eine Flotte von mehr als hundert Schiffen aus, die mit etwa 6000 Bewaffneten bemannt waren und sich bereits am 1. November in der wismarschen Hafenbucht, am „weißen Strande" zusammenfanden. Die Absicht der Verbündeten, noch in demselben Herbste den Krieg gegen Dänemark zu eröffnen, schlug zwar fehl. Widrige Winde verhinderten die Geschwader am Auslaufen, und nach vierzehntägigem vergeblichen Harren trat Sturm und Frost ein, so daß für dieses Jahr nicht mehr an einen Feldzug gedacht werden konnte.[75]

Aber schon der Märzmonat des folgenden Jahres 1427 fand die hanseatischen Flotten in See. Inzwischen waren nicht nur alle baltischen Bundesstädte verpflichtet worden, den nordischen Reichen keine Lebensmittel zuzuführen, auch die Mehrzahl der sächsischen zur Hansa gehörigen Städte hatten ihre Fehdebriefe dem Könige eingesandt und hatten versprochen, Geldbeiträge zu neuen Rüstungen zu zahlen.[76] Somit konnten die Hanseaten getrosten Muthes den Krieg beginnen. Zunächst wandten sie sich nun gegen die kleineren dänischen Inseln in der Ostsee, im Belt und im Kattegat. Bornholm, Lolland, Möen, Arröe, Gesör,[77] das heutige Geister auf Falster und die Insel Lessöe wurden geplündert und verheert. Dann ging die ganze städtische Flotte im Hafen von Flensburg vor Anker, um gemeinschaftlich mit den Holsteinern jenen Platz anzugreifen und ihn den Dänen zu entreißen. Dies mißglückte jedoch. Der plötzliche Tod des Grafen Heinrich von Holstein, der bei der Erstürmung der Festungsmauern von einem Dänen erstochen wurde, brachte eine allgemeine Verwirrung unter die Belagerer. Die lübecker und hamburger Schiffshauptleute waren die Ersten, welche in Folge dieses Unglückes den Muth verloren und sich zur Rückkehr anschickten. Bald verließen auch die übrigen hanseatischen Geschwader die flensburger Rhede, so daß die weitere Belagerung der Stadt aufgegeben ward.[78] In den Hansestädten, besonders in Hamburg war man aber mit diesem eilfertigen Rückzuge höchst unzufrieden. Den heimgekehrten Schiffen ward daher nur kurze Ruhe gegönnt, und schon in der zweiten Hälfte des Monats Juli erhielten die sämmtlichen städtischen Geschwader den Befehl von Neuem auszulaufen, um vorerst sich in den Sund zu begeben.

Hier erwartete man nämlich um die Zeit des Marien Magdalenenfestes, den 22. Juli, die sogenannten bayischen und die preußischen Handelsflotten.[79] Unter dem Namen der bayischen oder biskaischen Flotte[80] begriff man diejenigen Schiffe, welche aus den westlichen Meeren kommend die Produkte Spaniens, Frankreichs, Italiens, Englands und Flanderns den baltischen Häfen zuführten. Es waren ihrer dieses Mal gegen vierzig Schiffe.[81] Die preußische, auch schlechthin die Weichselflotte[82] genannt, war von den preußischen und wahrscheinlich auch von den livländischen Städten mit Korn, Wachs, Honig, Flachs und Werg, Bauholz und anderen Handelsartikeln befrachtet, welche auf den westeuropäischen Märkten abgesetzt zu werden pflegten. Beide Flotten sollten zur selben Zeit den Sund passiren; beiden hatten die Seestädte für die Durchfahrt sicheres Geleit und Schutz gegen etwaige Angriffe der Dänen zugesagt.[83]

Die hanseatischen Kriegsgeschwader gingen daher zur bestimmten Zeit unter Segel. Lübeck, Hamburg, Rostock, Wismar, Stralsund und Lüneburg hatten auch dieses Mal wieder für die übrigen Bundesstädte die Schiffe gestellt; alles ausgesuchte, vorzügliche Fahrzeuge, hinreichend versehen mit Proviant und Waffen.[84] Daß sie auch Pulver und Büchsen führten, unterliegt wohl keinem Zweifel; denn der Gebrauch des Feuergewehrs auf Kriegsschiffen war im westlichen Europa bereits seit der Mitte des vierzehnten Jahrhunderts[85] bekannt und von den Hanseaten wissen wir aufs Bestimmteste, daß sie schon im Jahre 1385 dem Stralsunder Orlogshauptmann Wulweken Wulflam,[86] als dieser gegen die baltischen Piraten kreuzte, eine beträchtliche Anzahl großer Büchsen und Armbüchsen nebst sechs Tonnen „Kraut" oder Pulver borgten. Die Flottenmannschaft bestand nach der Angabe der Einen aus viertausend, nach Anderen aus achttausend Bewaffneten, theils Bürgern, theils Söldnern.[87] Auf jedem Schiffe befehligten zwei Hauptleute. Zum obersten Führer der ganzen Flotte war der lübecker Rathsherr Tidemann Steen ernannt, ein Mann, den erst die Bewegungen des Jahres 1408 in den Rath gebracht hatten und den man jetzt nur deshalb zum Bürgermeister erhob, um ihm für seine wichtige Stellung das erforderliche Ansehen zu verleihen.[88] Er erhielt von allen Seiten den gemessenen Befehl, nicht eher den Sund zu verlassen, als bis die bayischen und preußischen Kauffahrteischiffe jene Meeresenge glücklich passirt hätten.[89]

Mit günstigem Winde langte die städtische Bundesflotte, 36 Schiffe stark, am 21. Juli im Sunde an. Hier hatten auch die Feinde bereits ihre Streitkräfte zusammengebracht: vor Kopenhagen lagen etwa 33 dänische und schwedische Fahrzeuge, die wenngleich von „stolzem" Baue, doch gegen die hochbordigen hanseatischen Schiffe gewaltig abstachen, so daß sie sich, nach den Worten der Chronik, bei diesen „wie Kapellen neben Kirchen" ausnahmen.[90]

Sowohl die dänischen und schwedischen als auch die hanseatischen Fahrzeuge waren sämmtlich sogenannte „Mersschiffe," unter welchem Namen man diejenigen Schiffe verstand, welche einen Mers oder Mars hatten.[91] Mars heißt in der Seemannssprache der kleine balkonartige an den Hauptmasten der größeren Schiffe befindliche Ausbau, welcher, wenn er mit einem Geflechte umgeben ist, Marskorb genannt wird. Diese Marsen hatten damals einen bei weitem größeren Umfang als jetzt und faßten eine beträchtliche Anzahl von Bewaffneten, wodurch die Schiffe ein eigenthümlich kriegerisches Ansehen erhielten. „Wenn die Sonne die Fahrzeuge beschien," sagt die Chronik, „so glänzten die beiden Flotten wie zwei Berge vom reinsten Silber."[92]

Für Tidemann Steen wäre es nun das Vortheilhafteste gewesen, wenn die Feindseligkeiten nicht sofort begonnen hätten. Denn das von den Stralsundern zugesagte Geschwader war noch nicht eingetroffen und die erwarteten Kauffahrteiflotten, die man seiner Obhut anvertraut hatte, konnte er mit Sicherheit nur dann durch den Sund geleiten, wenn seine Kriegsmacht vollzählig und die Mannschaft noch durch kein Treffen ermüdet war. Aber die Dänen schienen den Augenblick des Kampfes nicht erwarten zu können. Kaum hatten sie die hanseatischen Wimpel erblickt, so zogen sie ihre Segel auf und steuerten auf die feindlichen Schiffe zu.[93] Jetzt war ein Treffen nicht mehr zu vermeiden. Sofort theilte sich die städtische Flotte in zwei Geschwader, das Eine unter der Führung der Lübecker, das Andere unter der des hamburgischen Bürgermeisters Heyne Hoyer. Auf diesen hatten zunächst die Dänen es abgesehen, während die Lübecker besonders von den Schweden beunruhigt wurden. Bald ward das Handgemenge allgemein. Jedes Schiff suchte ein feindliches Fahrzeug auf, um es zu entern oder auf den Grund zu setzen. Ueberall die größte Kühnheit und Tapferkeit. Einzelne Züge vom Heldenmuthe eines Goswin Grul und Wolter Bischop, zweier lübecker Hauptleute haben noch lange Jahre im Gedächtnisse ihrer Vaterstadt fortgelebt.

Aber der Mangel an Einmüthigkeit unter den hanseatischen Schiffsführern, so wie ihre Unkenntniß mit dem sundischen Fahrwasser legten die Entscheidung des Kampfes in die Hand der Feinde. Die Hamburger, die rings von Dänen umgeben waren, sahen sich plötzlich in die Untiefen der schmalen Meerenge gedrängt; ihre Schiffe geriethen auf den Grund; abgeschnitten von dem lübecker Geschwader wurden sie eine leichte Beute der Gegner. Glücklicher kämpften die Lübecker und manches feindliche Schiff ward von ihnen genommen. Noch heute hängt als Denkmal ihrer an jenem Tage bewiesenen Tapferkeit in der Marienkirche zu Lübeck zwischen den beiden nördlichen Pfeilern am Chore die große Schiffsfahne, welche mit den Bildnissen der Schutzheiligen Maria und Jakob so wie mit den Wappen Dänemarks, Schwedens und Norwegens und mit dem pommerschen Greif, dem Familienwappen König Erichs geziert ist, und der Sage nach von den beiden Rathsherren Johann Bere und Bartold Roland den Dänen abgenommen sein soll.[94]

Unerklärlich bleibt daher das Benehmen Tidemann Steens. Trotz des ihm gewordenen Auftrages, den Sund unter keiner Bedingung vor Ankunft der bayischen und preußischen Flotte zu räumen, gab er, als die Seinen im vollen Siegen begriffen waren, den Befehl zum Rückzuge. War es strategische Unfähigkeit, die ihn hierzu vermochte? Hatte das Unglück der Hamburger ihn etwa eingeschüchtert? oder hatte er wirklich, wie er späterhin ausgesagt,[95] die Absicht, nach Bornholm zu segeln, um sich dort durch die Vereinigung mit dem Stralsunder Geschwader zu verstärken und dann die preußischen Schiffe, als die bei weitem wichtigsten und kostbarsten unter seinen Schutz zu nehmen? Das alles ist dunkel. Genug, die Lübecker waren noch nicht drei Stunden entfernt, als die bayische Flotte im Sunde anlangte, und hier statt der versprochenen Begleitschiffe nur die feindlichen Geschwader der Dänen und Schweden vorfand. Ein furchtbarer Kampf entspann sich nun zwischen diesen und den schwach bewaffneten Kauffahrern, die Alles daran setzten, um ihre Güter zu retten. Aber sie unterlagen. Einige Wenige von ihnen entkamen, und brachten die Trauerbotschaft in die Heimath. Die Zahl der Gefallenen wird auf 1300 angegeben.[96] Was dasSchicksal der preußischen Flotte gewesen, läßt sich nicht genau ermitteln. Wahrscheinlich fiel auch sie zum größten Theile in die Hände der Dänen, so daß deshalb der Hochmeister bei den Hansastädten auf Schadenersatz antrug und als dieser ihm verweigert wurde, die Schiffe der Wismaraner und Rostocker in seinen Häfen festhalten ließ.[97]

Tidemann Steen aber wurde nach seiner Rückkehr in Lübeck verhaftet und ins Gefängniß abgeführt. Erst im Jahre 1434 erhielt er auf Verwendung des Kaisers und des Bischofs von Lübeck seine Freiheit.[98]

III.

Wenn der Kaufmann in den norddeutschen Seestädten zu Ende des Jahres 1427 seine Rechnung aufmachte, so mochte diese für die meisten Handlungshäuser nicht sehr günstig ausfallen. Durch die fortgesetzten Kriegsunruhen und andere Verhältnisse hatte der ganze nordische Verkehr in dem verflossenen Jahre wie überhaupt schon während der letzten Zeiten gewaltig gelitten. Den jüngsten Verlust im Sunde berechneten allein die Wismaraner auf 32,000 rheinische Gulden, zwölf ihrer Schiffe waren dort vom Feinde genommen.[99] Aus fast allen überseeischen Kontoren liefen die traurigsten Nachrichten ein. In Novgorod waren um das Jahr 1423 bedenkliche Händel zwischen den Deutschen und Russen ausgebrochen, welche eine langdauernde Geschäftsstille zur Folge hatten.[100] In Brügge herrschte eine so feindselige Stimmung gegen die „Oesterlinge," daß die Hansa im Jahre 1426 ernstlich damit umging, ihr Kontor von dort nach einem anderen benachbarten Orte zu verlegen.[101] Aus London vernahm man im Jahre 1427, daß die Sheriffs der Stadt beabsichtigten, die Zölle auf Reis, Salz, Wachs und andere Waaren zu erhöhen.[102] Auch mit Spanien war das frühere gute Einvernehmen gestört; die Kastilianer hatten den Deutschen allen Handel nach ihren Häfen untersagt und als sich trotz dieses Verbots die hanseatischen Kauffahrer um das Jahr 1420 in „die Baye," den Meerbusen von Biscaya gewagt, waren daselbst 48 reichbeladene Schiffe von den Spaniern festgehalten worden.[103]

Am Schlimmsten aber stand es auf Schonen. Der Häring erschien dort nicht mehr in früherer Trefflichkeit und Menge. Schon seit dem Jahre 1411 klagte man über den geringen Ertrag des Fischfanges im Sunde.[104] Im Jahre 1412 ward in Preußen für die Last Häringe 30 Mark gezahlt; vier Jahre später stieg der Preis sogar auf 90 Mark.[105] Endlich im Jahre 1425, als die Kaufleute und Fischer aus den verschiedenen Hansestädten in gewohnter Weise um die Herbstzeit auf den schonischen Vitten eintrafen und ihre Schuten zum Häringsfange aussandten, fanden sich so wenige und kleine Züge von Fischen, daß die Fahrzeuge fast völlig leer wieder heimkehren mußten.[106] Der Häring hatte seinen Hauptzug in die Westsee genommen und der glänzende Gewinn, der früher den Hanseaten aus diesem Gewerbszweige erwachsen war, strömte von nun an größtentheils den Holländern und Flandrern zu. Besonders legten sich jetzt Enkhuizen und Hoorn auf den Häringsfang. In Hoorn soll um das Jahr 1416 das erste große Häringsnetz gestrickt sein.[107] Der Schade, der hieraus für die hanseatischen Seestädte entsprang, war für den gemeinen Mann nicht minder empfindlich als für den Kaufherrn. Tausende von Handwerkern, welche durch das Salzen und Verpacken der Häringe ihren sicheren Unterhalt gehabt hatten, mußten sich jetzt nach einem anderen Erwerbe umsehen, denn wenn auch der Fisch die schonische Küste keineswegs ganz verließ, so konnte doch eine vergleichsweise nur geringe Anzahl von Arbeitern dort noch Beschäftigung finden.

Faßt man das Widrige aller dieser Verhältnisse zusammen, so ist es leicht begreiflich, wie in den Seestädten nach der verfehlten Unternehmung vom Jahre 1427 der Kriegseifer mehr und mehr erkalten mußte. Zwar wurde noch im folgenden Frühjahre ein Versuch gemacht, das Ansehen der deutschen Waffen im Sunde wieder herzustellen: am Dienstage nach Ostern erschienen die Hanseaten mit einer Flotte von fast 260 Segeln vor Kopenhagen, beschossen die in dem dortigen Hafen,[108] der sogenannten „Rabenhöhle“, beisammen liegenden königlichen Schiffe und trafen großartige Anstalten, um durch Versenken von Fahrzeugen, die mit Kalk und Steinen beladen waren, den Eingang zu jenem Hafen zu verderben. Indeß auch dieses Unternehmen mißglückte. Die Wismaraner hatten den Fehler begangen, die zum Einsenken bestimmten Schiffe nicht in die Breite, sondern in die Länge zu legen, so daß der Hafeneingang nicht völlig abgesperrt wurde. Kaum bemerkten das die Dänen, so bemächtigten sie sich des schmalen Durchwegs, der offen geblieben war, ließen von dort aus ihre großen Geschütze gegen die feindlichen Schiffe spielen und vereitelten dadurch jeden weiteren Angriff. Unverrichteter Sache mußten endlich die hanseatischen Geschwader wieder den Sund verlassen.[109] Die kostspieligen Rüstungen hatten abermals keinen Erfolg gehabt.

Des Krieges müde schritten jetzt die Städte zu Unterhandlungen mit dem Könige. Bereits im Jahre 1430 schlossen Rostock und Stralsund[110] für sich einen Frieden mit Erich ab. Fünf Jahre später kam am 17. Juli zu Wordingborg auf Seeland auch zwischen den übrigen städtischen und dänischen Abgeordneten ein Vergleich zu Stande, welcher dem deutschen Kaufmanne in den skandinavischen Reichen alle Vorrechte und Zollfreiheiten bestätigte, wie er sie bereits seit hundert Jahren dort besessen hatte. Zugleich ward unter Mitwirkung der Städte ein Vergleich Erichs mit Holstein angebahnt, wonach Dänemark schließlich auf das Herzogthum Schleswig Verzicht leisten mußte.[111]

Die Hanseaten erreichten somit mehr, als sie noch im Jahre 1428 hatten erwarten können. Zum großen Theile mußte man den günstigen Ausgang dieser Unterhandlungen dem Waffenglücke der Holsteiner zuschreiben, welche in den letzten Jahren noch zu Lande die glänzendsten Erfolge errungen hatten,[112] während in den deutschen Bundesstädten damals bereits an eine größere Unternehmung zur See fast gar nicht mehr gedacht wurde. Die Hauptentscheidung war aber von einer andern Seite her gekommen.

Am Johannistage des Jahres 1433 hatten sich die Thalbauern in Dalekarlien, dem alten Eisenlande Schwedens, unter der Führung des Bergmanns Engelbrecht Engelbrechtson gegen die tyrannische Herrschaft der dortigen dänischen Voigte erhoben.[113] Die Klagen der Schweden über die Härte der fremden Voigte, welche König Erich ihnen ins Land geschickt hatte, waren alt. Schwer empfand das ganze Volk schon längst die Folgen seiner Verbindung mit dem Dänenreiche; denn die Erpressungen von Geld und Kriegsleuten, die Erich zu seinen Zügen gegen Holstein nöthig hatte, nahmen kein Ende. Unwillig über diesen Druck hatten bereits im Jahre 1432 die Dalekarlier durch Engelbrechtson beim Könige Beschwerde führen lassen. Ihre Lage war um Nichts gebessert worden. Im nächsten Jahre erfolgte die Empörung. Mit dem Stahlbogen und Spieß bewaffnet zogen die Dalekarlier in die benachbarten Landschaften, um die Schlösser zu erobern und die königlichen Voigte zu vertreiben. Bald erhob sich das ganze Upland, Wermeland und Südermannland. Der schwedische Reichsrath suchte noch aus Furcht vor den Schrecken der Anarchie die Sache Erichs zu halten. Aber das Volk wollte von keinem Gehorsam mehr wissen. Am 16. August 1434 ward zu Wadstena der Absagebrief an den Dänenkönig ausgefertigt. Zu Anfang des folgenden Jahres ernannte ein nach Arboga berufener Reichstag Engelbrecht Engelbrechtson zum Reichsverweser. Norwegen und die Hansastädte erhielten dringende Aufforderungen, mit den Schweden gemeinschaftliche Sache gegen Dänemark zu machen.[114]

Die Lage Erichs war für den Augenblick höchst bedenklich. Aber noch verließ sein Glück ihn nicht. Um zunächst die Hanseaten zufrieden zu stellen, die wirklich bereits gedroht hatten, auf die Seite der Schweden zu treten,[115] schloß er jetzt eilends den Frieden zu Wordingborg ab. Dann ging er nach Stockholm, indem er sehr wohl wußte, daß er noch unter den schwedischen Großen im Reichsrathe eine nicht unbedeutende Partei für sich hatte, die mit der neuen Ordnung der Dinge und mit dem Regimente Engelbrechtsons keineswegs einverstanden war. Bereits im Oktober 1435 traten Erich und der Reichsrath in Unterhandlung, in Folge deren die Union Schwedens mit Dänemark von Neuem bestätigt und das königliche Ansehen mit nur geringen Beschränkungen wieder hergestellt wurde. Engelbrechtson ward nun rasch beseitigt; man glaubte ihn durch die Belehnung mit dem Schlosse Orebro abgefunden. Das Amt des Reichsverwesers, welches die oberste bürgerliche und militairische Gewalt in einer Person vereinigt hatte, wurde aufgehoben und nach dem übereinstimmenden Beschlusse des Königs und des Reichsrathes die Aemter eines Drosten und eines Marschalls eingeführt. Das erstere erhielt der bejahrte Freund Erichs, Christiern Nielson Wasa. Zum Führer der gesammten Land- und Seemacht ward aber der damals sieben und zwanzigjährige Karl Knudson Bonde ernannt, der Sprößling eines der reichsten Adelsgeschlechter Schwedens, erfüllt vom flammenden Ehrgeize der Jugend und von dem Streben nach Herrschermacht, das ihn von nun an nicht eher ruhen ließ, als bis er sich zur höchsten Stufe der Gewalt emporgeschwungen hatte.[116]

Schon die nächsten Monate eröffneten dem kühnen Marschall ein neues Feld der Thätigkeit. Der König hatte im November Stockholm verlassen, um nach Dänemark zurückzukehren. Während der Seereise war er durch herbstliche Stürme und Unwetter mehrere Male genöthigt worden, an der schwedischen Küste zu landen und hatte es hier ruhig geschehen lassen, daß seine Schiffsleute wie auf feindlichem

Boden Lebensmittel und Schlachtvieh mit Gewalt eintrieben. Dies erregte allgemeine Erbitterung. Auch über die dänischen Voigte, die der König in Stockholm, Kalmar und Nyköping eingesetzt, erschollen die alten Klagen durchs Land. Höher ging plötzlich wieder die erst so eben beschwichtigte Woge der Volksbewegung. Abermals ward dem Könige der Gehorsam gekündigt. In Stockholm traten dreißig Mitglieder des Reichsrathes zusammen, um einen Reichsverweser zu wählen und mit fünf und zwanzig gegen fünf Stimmen ward jetzt Karl Knudson zu dieser Würde erhoben.[117]

So sah sich der junge Bonde dem Ziele seiner Wünsche immer näher gerückt. Einstweilen freilich mußte er sich noch bequemen, die Herrschaft mit dem Volkslieblinge Engelbrecht Engelbrechtson zu theilen, den man ihm kluger Weise als Mitregenten zur Seite gestellt hatte, um dem zahlreichen Anhange desselben keinen Anlaß zur Unzufriedenheit zu geben. Aber nicht lange währte diese für Karl Knudson lästige Genossenschaft. Am 27. April des Jahres 1436 ward Engelbrecht Engelbrechtson auf einer Insel im Hjelmarsee von einem schwedischen Edelmann meuchlings ermordet.[118] Jetzt hatte der Reichsverweser freie Hand. Einzelne Aufstände, die von seinen Nebenbuhlern angezettelt wurden, schlug er rasch zu Boden. Um seine äußere Würde zu behaupten, war ihm bereits jedes Mittel recht.

Diese Vorgänge in Schweden machten auf den alternden König Erich den tiefsten Eindruck. Zu schwach und unschlüssig, um einen ernsthaften Versuch zur Wiederherstellung seines Ansehens zu wagen, verlor er allmählig allen Halt und alle Lust am Herrschen, gab endlich, als auch unter den dänischen Bauern gefährliche Bewegungen zum Ausbruch kamen, sein Reich und seine Kronen auf, und schiffte sich im Jahre 1438 nach Gothland ein, um niemals wieder nach Dänemark zurückzukehren. Er starb im Jahre 1459 in dem Alter von 74 Jahren zu Rügenwalde in Pommern.[119]

Da Erich kinderlos war, so schritt der dänische Reichsrath jetzt zur Wahl eines neuen Fürsten. Man beschloß, dem Herzog Christoph von Baiern, einem Neffen Erichs, die Regierung anzutragen. Bereits im Juni 1439 fand sich dieser, in Folge einer an ihn ergangenen Einladung, in Lübeck ein, wohin auch der dänische Reichsrath gekommen war. Hier ward über das nächste Schicksal Dänemarks gemeinschaftlich berathen.[120] König Erich ward des Reiches für verlustig erklärt, Christoph anfangs nur zum Reichsverweser ernannt. Schon im folgenden Jahre erhielt er aber die dänische Königskrone.

Kaum hatte Christoph so in Dänemark festen Fuß gefaßt, als sich auch sein Blick auf die Lande jenseits des Sundes richtete; dort galt es, das Werk Margarethens, die Kalmarer Union wieder herzustellen, die zwar durch die Ereignisse der letzten Jahre, vornehmlich in Schweden, gewaltsam erschüttert, indeß noch keineswegs völlig aufgegeben war. Schon im Jahre 1439 hatte bei einer Versammlung der dänischen und schwedischen Bevollmächtigten zu Jönköping die Geistlichkeit Schwedens ihre Anhänglichkeit an das Unionswerk und ihre Hinneigung zu Christoph aufs Deutlichste an den Tag gelegt.[121] Bald erwies sich nun der Einfluß der Bischöfe und hohen Kirchenfürsten in dieser Angelegenheit als entscheidend und ihren Bemühungen gelang es sogar, Karl Knudson zur Niederlegung seines Amtes zu bewegen. Wohl mochte Karl einen Augenblick daran gedacht haben, sich selbst die Königskrone aufzusetzen. Durch die Weissagung einer heiligen Klosterfrau, deren Worte im Volke von Munde zu Munde gingen, war er bereits als der dereinstige König bezeichnet worden. In der Kirche zu Wadstena sollte ein zartes Kind die Krone auf Karls Haupte haben glänzen sehen.[122] Aber ein richtiges Gefühl mochte ihn dennoch bestimmen, seine Hand für jetzt noch nicht nach jener Würde auszustrecken, denn der Wille der Geistlichkeit überwog den Willen des Volkes. Nachdem ihm daher Finnland als lebenslänglicher Besitz und als Unterpfand die Insel Oeland eingeräumt waren, trat er von seinem Amte als Reichsverweser zurück und bahnte so dem Dänenkönige den Weg zum schwedischen Throne. Am 4. Oktober 1440 schritten die Reichsräthe zur Wahl ihres Königs Christoph. Karl Knudson blieb noch eine Weile in Schweden und begab sich dann nach Finnland.[123] Er ging; doch nicht für immer.

Auf scheinbar größere Schwierigkeiten stieß man in Norwegen, wo Erich nach wie vor einen nicht unbedeutenden Anhang hatte, der bei besserer Führung leicht hätte gefährlich werden können. Indeß allmählig schlug auch hier die Stimmung um, und im Jahre 1442 ward Christoph in Opslo zum Könige von Norwegen gewählt.[124]

Allen diesen gewichtigen Ereignissen gegenüber, die in raschem Wechsel über die skandinavischen Lande dahin gezogen waren, hatte die Hansa fast durchweg eine nur beobachtende Stellung eingenommen. Wo ihre Vermittlung gefordert worden war, hatte sie freilich ohne Zögern ihren vollen Einfluß geltend gemacht. Die erste Wiedervereinigung Erichs mit den aufständischen Schweden im Jahre 1435 war durch die Städte Lübeck, Hamburg, Lüneburg und Wismar eingeleitet worden, deren Abgeordnete hier in erfolgreichster Weise die obwaltenden Schwierigkeiten beseitigt und nicht wenig dazu beigetragen hatten, den Fürsten und das Land mit einander auszusöhnen.[125] Im Uebrigen hatte die Hansa sich während der letzten Jahre eines jeden Eingriffes in die nordischen Verwickelungen enthalten, theils weil ihre Handelsinteressen hier durch Nichts gefährdet schienen, theils aber weil Angelegenheiten anderer Art im westlichen Europa ihre volle Aufmerksamkeit in Anspruch nahmen.

Im Jahre 1433 war Holland mit dem burgundischen Reiche vereinigt worden.[126] Dieses Herzogthum Burgund, welches gewöhnlich das Neuburgundische genannt wird, war um die Mitte des vierzehnten Jahrhunderts durch Philipp den Kühnen, den jüngsten Sohn König Johanns von Frankreich gestiftet worden und hatte gleich in den ersten Zeiten seiner Machtentwickelung eine entschiedene Hinneigung nach Osten und nach den nördlichen Meeresgebieten an den Tag gelegt. Durch eine Reihe von glücklichen Umständen war der junge Staat nach dieser Seite auch bald zu einer ansehnlichen Größe herangewachsen. Die Vermählung mit der Erbgräfin Margaretha von Flandern hatte dem Herzog Philipp die Grafschaft Flandern, Artois, Nevers, Rethel und Mecheln zugebracht. Dann hatte Philipp der Gütige, der dritte der burgundischen Herzöge, im Jahre 1428 die Grafschaft Namur und zwei Jahre später das Herzogthum Brabant und Limburg mit seinem Reiche vereinigt, bis endlich im Jahre 1433 auch die Grafschaften Hennegau, Holland, Seeland und Westfriesland ihm zufielen.

Die Verbindung, in welche hierdurch die holländischen Städte mit einem mächtigen Fürstenhause gebracht wurden, mußte nothwendiger Weise ihre ganze äußere Stellung verändern. Hatte schon früher die Mehrzahl derselben, welche in Folge der Einflüsterungen des Dänenkönigs Erich aus der Hansa geschieden waren, sich nicht gescheut, mit den deutschen Seestädten in offne Feindschaft zu treten, so gewannen jetzt diese Zwistigkeiten einen immer größeren Umfang und nachhaltigere Bedeutung. Von Jahr zu Jahr steigerte sich die gegenseitige Erbitterung, so daß die Feindseligkeiten zur See einen immer wilderen Charakter annahmen. Als um Pfingsten 1434 die Abgeordneten der Hansestädte in Lübeck zu einer Tagefahrt zusammentraten, bildeten bereits diese holländischen Zerwürfnisse einen der wichtigsten Theile der Berathungen.[127] Man erkannte immer deutlicher die Nothwendigkeit, ernstlich gegen den neuen Feind einzuschreiten; aber was auch geschehen mochte, der Friede schien sich nicht wieder herstellen zu wollen. Nach Verlauf von wenigen Jahren rüsteten die Ritterschaft und die Städte in Holland und Seeland eine Flotte von achtzig bis hundert Kriegsschiffen, um womöglich die Hanseaten ganz aus den westlichen Meeren zu vertreiben.[128] Zugleich ertheilte Herzog Pilipp Kaperbriefe an Alle, die gegen die deutschen Seestädte kämpfen wollten[129] und nur zu bald wurden diese jetzt gewahr, daß in den burgundischen Niederlanden ein Kriegsmuth und ein Unternehmungsgeist wach geworden, der mit gewöhnlichen Mitteln nicht zu bändigen war. Drei und zwanzig preußische und livländische Schiffe die nach Spanien gesegelt waren, um von dort Salz und Südweine zu holen, wurden auf der Rückfahrt nach Deutschland von den Holländern aufgefangen.[130] Dagegen suchten sich freilich die Seestädte bald darauf durch Wegnahme einiger holländischer Schiffe im Sunde zu entschädigen,[131] indeß ihre früheren Verluste wurden hierdurch keineswegs ausgeglichen. Denn während die Niederländer sich meistens mit kleinen Fahrzeugen begnügten, die nur geringe Ladungen fassen konnten, ging die Vorliebe der hanseatischen Rheder für große und geräumige Schiffe so weit, daß schon im Jahre 1412 bei dem Bunde zur Beschränkung der kostspieligen Schiffsbauten darauf angetragen war, „daß man keinen Kauffahrer größer als zu hundert Last Häringe einrichten solle.“[132] Die Holländer standen sich mithin bei der Freibeuterei gegen die werthvollen Schiffe der Hanseaten ungleich besser als diese, die nur selten auf einen gewinnreichen Zug rechnen konnten.

Im Jahre 1441 trat endlich wider alles Erwarten Waffenruhe ein. König Christoph von Dänemark, der von Anfang an in den Holländern als den alten Verbündeten Erichs seine eigenen Feinde erkannt und daher die Hanseaten aufs Augenscheinlichste begünstigt hatte, drängte jetzt zur Beilegung dieses verderblichen Krieges. Die Seestädte gingen bereitwillig darauf ein und da auch die Niederlande durch Mißwachs, Theurung und innere Bürgerkriege während der letzten Zeiten viel gelitten hatten, so brachte Christoph mit leichter Mühe zwischen ihnen und den Hanseaten eine Waffenruhe auf zehn Jahre zu Stande. Am 23. August 1441 ward der Vergleich in Kopenhagen abgeschlossen.[133]

So schien endlich nach einem fast funfzigjährigen Kriegsgetümmel der langersehnte Friede wieder in den nordischen Meeren einkehren zu wollen. Ueberall in den skandinavischen Reichen herrschte Ruhe und äußere Sicherheit; Karl Knudson lebte fern von der schwedischen Hauptstadt in seiner selbstgewählten glänzenden Verbannung zu Wiborg in Finnland; ein Aufruhr, der um das Jahr 1444 in Seeland und Jütland unter der Landbevölkerung ausbrach, wurde rasch gedämpft;[134] Norwegen hielt fest zum Könige und im stolzen Gefühle seiner Macht schrieb Christoph sich schon seit dem Jahre 1441 König von Dänemark, Schweden und Norwegen und Herr der Gothen und Wenden.[135] Den Seeräubereien der Vitalianer war bereits im Jahre 1434 durch die Bemühungen Hamburgs, Bremens und Lübecks ein Ende gesetzt; die Häuptlinge der feindlichen Raubgeschwader hatten theils die Flucht ergriffen, theils waren sie in festen Gewahrsam gebracht worden.[136] Nur hin und wieder hörte man noch an den schwedischen Küsten von schwachen Plünderungsversuchen einzelner Piraten, die König Erich von seinem Felsenschlosse Wisborg auf Gothland auszusenden pflegte, um so sein Leben zu fristen; nachhaltigen Schaden vermochte der Unmuth des alten Herrn nicht mehr anzurichten.[137] Handel und Wandel nahmen neuen Aufschwung und ungestört zogen die Kaufmannsflotten wieder auf den früheren Bahnen den überseeischen Niederlassungen zu.

Und doch war diese Ruhe nur von kurzer Dauer. Mit den Holländern vor Allem ließ sich kein Friede aufrecht erhalten. Schon im Jahre 1447 waren die nordischen Wasserstraßen wieder so unsicher geworden, daß die Hanseaten sich genöthigt sahen, die Bestimmung zu treffen, jedes ihrer Schiffe, welches hundert Last groß sei, solle bei Verlust einer Mark Goldes zwanzig „Mannsharnische“ am Bord haben.[138] Daneben tauchten fortwährend die wundersamsten Gerüchte auf von einer großen Fürstenverschwörung gegen das Haupt des Hansabundes und von Plänen, die König Christoph gegen Lübeck und die übrigen Seestädte im Schilde führe, um diese zu verderben. Wirklich hatte sich in dem Benehmen des Königs gegen die Hansa seit dem Jahre 1441 eine auffallende Veränderung bemerkbar gemacht. Während er sich früher gerade ihrer Hülfe gegen die Holländer bedient, war er jetzt plötzlich auf die Seite der Letzteren getreten, hatte diesen die wichtigsten Handelsprivilegien eingeräumt und war ihnen überall mit der entschiedensten Zuneigung entgegengekommen.[139] Das alles geschah nur, um dem sich wieder aufs Mächtigste erhebendem Einflusse der Hanseaten in den skandinavischen Reichen ein Ende zu machen. Da dies nicht gelang, so sann König Christoph jetzt auf andere Mittel. Ein Angriff auf Lübeck wurde vorbereitet; die erforderlichen Geldmittel waren schon im Geheimen zusammengebracht, verschiedene bairische und andere Fürsten für diesen Plan gewonnen; im Jahre 1448 sollte das Werk ausgeführt werden. Da plötzlich stirbt

Christoph zu Anfang jenes Jahres. „Sein Tod", schreibt der Lübecker Chronist, „vereitelte das böse Vorhaben, die Städte zu demüthigen und zu vernichten".[140]

Aber noch andere Folgen knüpften sich an Christophs Tod: der ganze Fortbestand der skandinavischen Union war jetzt wieder in Frage gestellt und von Neuem zogen finstere Wetterwolken von allen Seiten am nordischen Himmel zusammen. Kaum vier Monate waren seit Christophs Tode verstrichen, als Karl Knudson in Stockholm erschien.[141] Er glaubte den Augenblick gekommen, wo ihm die Königskrone zufallen müsse; und er täuschte sich nicht. Ein in der Eile zusammenberufener Reichstag wählte ihn mit überwiegender Stimmenmehrheit zum Könige; noch im Juni desselben Jahres ward Karl gekrönt, und damit zugleich die Trennung Schwedens von Dänemark ausgesprochen.

Hier hatte man inzwischen, da Christoph ohne Nachkommen gestorben war, abermals einen deutschen Fürsten, den Grafen Christian von Oldenburg, einen Neffen des Herzogs Adolf von Holstein auf den Thron berufen; am 28. September 1448 empfing dieser die Huldigung und legte dadurch den Grund zur Herrschaft des noch heute in Dänemark regierenden Königshauses. Somit blieb jetzt nur noch die Frage übrig, ob Norwegen fernerhin zu einem der beiden Reiche halten oder sich auch einen eigenen König wählen würde. Für die letztere Ansicht hatte sich bereits in den nördlichen Landestheilen eine nicht unbedeutende Partei öffentlich erklärt, und hatte dabei in unzweideutiger Weise an den verstoßenen König Erich erinnert, den man möglichen Falls nicht abgeneigt sei, wieder als Herrn anzuerkennen. Indeß fand bald eine andere Meinung Anklang, wonach es am Besten für die Wohlfahrt des Landes erschien, sich mit Schweden zu vereinigen und Karl Knudson zu huldigen. Diese Ansicht drang schließlich durch und noch vor Ende des Jahres 1449 ward dem Schwedenkönige auch die norwegische Königskrone anvertraut.[142]

Unter den allgemeinen Schwankungen der Zeitverhältnisse konnte diese Wahl jedoch keinen Bestand haben. Bald trat eine neue mächtige Partei der Norweger für Christian von Dänemark auf, der es wirklich bereits im folgenden Jahre gelang, die Erwählung Karls für nichtig zu erklären und die Krone auf Christian zu übertragen. Frohlockend empfing der jugendliche König diese Botschaft; eine Welt von Hoffnungen aber mußte in ihm wach werden, als er fast gleichzeitig vernahm, daß auch in Schweden das Ansehen Karls zu schwinden begann, und ohne Zögern erhob er jetzt das Panier der Union, um nach dem Beispiele seiner Vorgänger mit Waffengewalt den alten Bund der Skandinavier wieder herzustellen.

Der Krieg, der nun zwischen den beiden Königen entbrannte, währte mit geringen Unterbrechungen bis zum Jahre 1457. Karl war anfangs nicht zum Weichen zu bewegen, obgleich der Boden sich immer mehr unter ihm höhlte, Verrath und Treulosigkeit ihn von allen Seiten bedrohten. Endlich gab er nach. Der Haß, mit welchem der Erzbischof Oxenstierna und die Geistlichkeit ihn verfolgten, hatte seine letzte Kraft gelähmt. In der Stille der Nacht des 24. Februars verließ er sein Reich; ein Schiff mit Gold und Silber beladen brachte ihn nach Danzig, wo er Geleit erhielt und sieben Jahre verweilte.[143] Vier Monate nach der Abreise Karls empfing Christian im Dome zu Upsala die Königskrone.[144] Die Vereinigung der drei Reiche war wiederum geglückt.

Damals waren gerade sechzig Jahre seit der Stiftung der Kalmarschen Union verflossen. Im Juni 1397 war Erich, der erste Unionskönig gekrönt worden; im Juni 1457 hatte das Krönungsfest Christians stattgefunden. Welche Veränderungen waren während dieses Zeitraums im europäischen Norden vorgegangen! Welch unheilvolle Kriege hatte die Herrschsucht der Nachfolger Margarethens in allen Landen zwischen der Eider und den Finnmarken angefacht, um jenen Plan der Einigung festzuhalten, der in der Heldenseele der erlauchten Frau entsprossen, von ihr mit kluger Umsicht angebahnt, aber schon von Erich, ihrem Pflegesohne, in so ungeschickter Weise aufgenommen war, daß von da an nur noch die äußere Form der Schöpfung Margarethens übrig blieb. Ein tieferes Gefühl von staatlicher Zusammengehörigkeit war unter Dänen, Norwegern und Schweden niemals wach geworden; statt der gehofften Einigung hatte hier jenes unruhige Parteiwesen Platz ergriffen, das durch den steten Wechsel der Gewalthaber wie durch das Auf- und Niederwogen der öffentlichen Meinung selbst einen von Natur gesunden Volksboden mit giftigem Krankheitsstoff erfüllen mußte.

Auf die Nachbarstaaten hatten diese skandinavischen Bewegungen fast gar keinen Einfluß ausgeübt. Die Beziehungen Englands zu Norwegen waren rein kaufmännischer Art und schlossen jedes politische Interesse aus. Zwischen Novgorod und Schweden bestanden die alten Grenzstreitigkeiten fort, die hin und wieder zu Einfällen der Schweden ins russische Gebiet Anlaß gaben, ohne jedoch zu einem bestimmten Abschlusse geführt zu werden.[145] Der deutsche Ritterstaat endlich war seit dem Beginne des funfzehnten Jahrhunderts zu sehr mit seinen eigenen Angelegenheiten beschäftigt, als daß er dem hohen Norden mehr als eine vorübergehende Theilnahme hätte zuwenden können.

Nur die Hansa hatte während der letzten funfzig Jahre im Innern wie nach Außen bedeutsame Veränderungen erlitten, welche vornehmlich durch die gleichzeitigen Ereignisse in Skandinavien bedingt worden waren und welche ihre Macht mehr und mehr zu vernichten drohten.

Was zunächst Lübeck, das Haupt des Bundes anbetraf, so hatte dieses freilich von seinem Einflusse nichts eingebüßt und rühmend konnte noch der staatenkundige Aeneas Sylvius Piccolomini, der unter dem Namen Pius II im Jahre 1458 den päpstlichen Thron bestieg, von jener Stadt berichten, „ihr Reichthum und ihr Ansehen seien so gewaltig, daß drei große Länder auf ihren Wink gewohnt wären, Könige anzunehmen und abzusetzen.“[146] Denn in der freien deutschen Reichsstadt lebte noch in voller Kraft der alte Unternehmungsgeist und Thatendrang, der ihr, vom ersten Werden der Hansa an, den vornehmsten Platz im ganzen Bunde eingeräumt, und immer noch war es Lübeck, das im Verein mit Hamburg und den wendischen Städten aufs Rüstigste den Zeitenstürmen Widerstand zu leisten suchte. Noch übten seine Voigte jenseits des Sundes auf den schonenschen Niederlassungen in hergebrachter Weise die oberste Gerichtsbarkeit. Vom deutschen Hofe zu St. Peter in Novgorod ging nach wie vor in streitigen Fällen die letzte Bitte um Entscheidung an den hohen Rath der Travenstadt. Das Lübecker Recht war allmählig von mehr als funfzig Ostseestädten angenommen, die alle Lübeck als ihren Oberhof, als den lebendigen Mittelpunkt ihrer städtisch-bürgerlichen Interessen erkannten.[147] War hierdurch das Ansehen der Reichsstadt in dem gesammten baltischen Ländergebiete immer mehr befestigt worden, so hatte sich inzwischen auch ihre innere Macht aufs Augenscheinlichste gehoben. Trotz der Verheerungen, welche die Pest seit dem ersten Erscheinen des schwarzen Todes zu wiederholten Malen unter der dortigen Bevölkerung angerichtet hatte, zählte die Stadt bereits zu Ende des vierzehnten Jahrhunderts wahrscheinlich nah' an achtzig tausend Einwohner.[148] Immer mehr belebte sich der Fremden- und Geschäftsverkehr, da Lübeck unter allen baltischen Plätzen stets der Haupthafen blieb für die großen Züge von Kaufleuten, Handwerkern, Rittern, Kriegsknechten, Pilgern und andern Reisenden, welche jährlich von Deutschland nach Livland gingen oder von dort nach dem Süden zurückkehrten. Als sich im Herbste 1437 der russische Metropolit Isidor von Moskau aufmachte, um an der Kirchenversammlung in Florenz Theil zu nehmen, wählte er nach einem längeren Aufenthalte in Livland, von dort den Weg zur See nach Deutschland, schiffte sich in Riga ein, landete mit seinem Gefolge von mehr als hundert Personen geistlichen und weltlichen Standes am 19. Mai 1438 in Lübeck, von wo der hohe Herr seine Reise über Lüneburg, Braunschweig, Erfurt, Nürnberg und Tyrol nach Italien fortsetzte, „staunend“, wie einer seiner Begleiter schreibt, „über die blühenden Städte mit ihren großen schönen geräumigen Häusern, über die herrlichen Gärten und künstlichen Kanäle, den Reichthum und die Pracht der Kirchen und Klöster, den lebhaften Gewerbfleiß und die vielen Werke edler Kunst, die Würde der Magistrate, den Stolz der Bürgerschaft und den Adel der Ritter.“[149] Vier und dreißig Jahre später sah Lübeck in seinen gastlichen Mauern die schöne Nichte des Letzten der Paläologen, die griechische Prinzessin Sophia, welche sich von hier mit ihrem glänzenden Hofstaate, reich beschenkt vom Rathe und von den lübschen Novgorodfahrern,[150] nach Rußland begab, um dort an der Seite ihres Gemals, des Zaren Iwan III, während eines Menschenalters auf die Neugestaltung des Landes den wohlthätigsten Einfluß auszuüben.

Dem Reichthum und der Größe der Bevölkerung Lübecks entsprach die Waffenmacht, welche die Stadt jeder Zeit zu Lande wie zu Wasser zu stellen vermochte. Theils bestand diese aus ihren Bürgern, theils aus geworbenen Söldnern. Während noch im Jahre 1361 Lübeck bei dem allgemeinen Aufgebote der Hansestädte gegen Dänemark nur 6 Koggen und 6 Snikken mit 600 Mann Besatzung ausrüstete, hören wir bereits im Jahre 1395 von 20 großen Hauptschiffen nebst anderen Fahrzeugen und Snikken, welche der Rath ausgesandt, um den Sommer hindurch bis nach Michaelis gegen die Vitalianer zu kreuzen.[151] Nicht geringer waren die Streitkräfte, über welche die Stadt zu Lande zu gebieten hatte. Als Lübeck im Jahre 1420 mit Hamburg einen Zug gegen das feste Bergedorf unternahm, bestand die gemeinschaftliche Heeresmacht beider Städte aus 800 gewaffneten Reitern, 2000 Mann Fußvolk und etwa 1000 Schützen.[152] Hier wie bei den meisten kriegerischen Unternehmungen wurden Herren des Raths zu Befehlshabern gewählt, alles Männer der That, gewiegt in Staatsgeschäften wie abgehärtet und gestählt im Ungemach und in den Gefahren des Kampfes, jeden Augenblick bereit die ehrwürdige Marderschaube mit dem Stahlharnisch zu vertauschen, um für den Ruhm der Vaterstadt ihr Leben einzusetzen. Es war eine Lebensfülle und Jugendkraft in diesem Freistaate, die ihm die sicherste Gewähr für seine Zukunft bot.

Und doch, welch bange Sorge um den eigenen wie um der Hansa Machtbestand mochte nur zu oft das stolze Bundeshaupt bewegen, wenn auf den Tagefahrten, die noch zumeist in Lübeck abgehalten wurden,[153] sein Blick im weiten Kreise der städtischen Gesandten vergeblich nach so manchem der früheren Getreuen forschte! Wie viele Städte waren dort nicht mehr vertreten, die einst aufs Engste sich dem Bunde angeschlossen hatten! Wie war die alte Einigkeit geschwunden, die in den großen Tagen des Jahres 1368 so Glänzendes errungen hatte! Wohl erschienen noch in reicher Menge die Abgeordneten aus Sachsen, aus der Mark, aus Köln, den Rheinlanden und Westfalen. Wo aber waren Dortrecht, wo Amsterdam, Delft, Leiden, Haarlem, wo alle die reichen Städte Hollands? Sie waren ausgeschieden, hatten sich dem

Dänen zugewandt, hatten sich sogar erkühnt, die früheren hanseatischen Genossen in offner Fehde zu bekämpfen. Umsonst waren Versuche gemacht, die Zwistigkeiten beizulegen. Nur mit wenigen Städten in Geldern, Friesland und Overyssel gelang es, die alten Beziehungen wieder lose anzuknüpfen.[154] Die Hauptmacht des Bundes im Westen war für alle Zeit gebrochen.

Nicht viel besser stand es im Osten.

Mit Livland freilich war die Hansa, kleine Irrungen abgerechnet, in gutem Vernehmen geblieben. Die fortgesetzten Handelszüge, welche Jahr aus Jahr ein von den südbaltischen Städten über Riga, Pernau, Reval und Dorpat nach Rußland gingen, brachten diese Plätze mit dem deutschen Mutterlande in immer nähere Verbindung. Früher war der Hauptzug des hanseatisch-russischen Verkehrs nach Novgorod durch den finnischen Meerbusen, die Newa und den Wolchow gegangen. Seitdem aber die Schweden ihre Herrschaft am finnischen Golfe ausgebreitet und ihre Feindseligkeiten gegen Novgorod eröffnet hatten, mied der deutsche Kaufmann jene nördlichen Gewässer. Fast aller Handel nach Rußland wurde jetzt über Livland betrieben, wodurch in die Beziehungen der dortigen Städte zu den südlichen Ostseeplätzen immer neues Leben kam. Die livländischen Seestädte wurden die eigentlichen Hafenplätze Novgorods.[155] Fielen am Wolchow Streitigkeiten zwischen den Deutschen und Russen vor, so wurden meistens die livländischen Bundesstädte von der Hansa zu Vermittlern ernannt. Besonders unterhielt die lübecker Kaufmannschaft die mannigfachsten Verbindungen mit dem Handelsstande in Riga und Reval und, wenn der alte Chronist Arndt nicht irrt, so bestand schon früh in Riga der Gebrauch, daß die dortigen Kaufherren, wie noch heute, zur Herbstzeit ihren lübecker Geschäftsfreunden die „gewöhnlichen Birk- und Haselhühner" sandten.[156]

Anders aber verhielt es sich mit den preußischen Städten. Die traurige Lage, in welche der Ordensstaat seit der Tannenberger Schlacht gerathen war, hatte die preußischen Hansestädte den Angelegenheiten der westlichen Bundesgenossen entfremdet. Nur sparsam trafen noch von dort die Abgeordneten zu den Tagefahrten ein. Dazu kamen wiederholte Streitigkeiten des Bundes mit dem Hochmeister wegen des sogenannten Pfundzolles, welchen die hanseatischen Schiffe wider alles Recht bei der Ausfuhr aus den preußischen Häfen entrichten mußten und welcher zumeist nur dem Ordensschatze zu Gute kam.[157] Genug die alte Freundschaft der Hansa mit dem Ritterstaate war erkaltet. Unter den Seestädten, welche vom Jahre 1426 an gegen Erich von Dänemark kämpften, nennt die lübecker Chronik keine einzige preußische Stadt.

Was endlich die binnenländischen Bundesstädte anbetrifft, so war die Mehrzahl derselben durch die steigende Macht der Landesfürsten ihrer früheren Selbstständigkeit beraubt und daher in ihrer Wirksamkeit nach Außen gelähmt worden.

Die eigentliche Kraft der Hansa lag somit nur noch in Lübeck, Hamburg und den wendischen Städten Rostock, Wismar, Stralsund und Greifswald. Aber auch hier in diesem wendischen Vereine, der einst den Kern des Hansabundes gebildet hatte, waren im Wechsel der Tage allmählig die verschiedenartigsten Bestrebungen zum Vorschein gekommen, welche bald die eine bald die andere Stadt vermocht hatten, unbekümmert um die übrigen Genossen, ihrer eigenen Sonderpolitik zu folgen. Man erinnere sich, wie Wismar und Rostock im Jahre 1391 für König Albrecht von Schweden aufgetreten waren, zur selben Zeit wo doch Lübeck und die anderen Hansestädte aufs Entschiedenste für Margarethe von Dänemark Partei ergriffen hatten. Als dann im Jahre 1427 die Seestädte ihren Zug gegen Dänemark unternahmen, war es Greifswald, welches seiner Bundespflicht nachzukommen sich weigerte, so daß die Hansa schon mit dem Plan umging, die Stadt auszustoßen.[158] Im Jahre 1431 hatten Rostock und Stralsund sich so weit vergessen, den schmählichen Separatfrieden mit Dänemark einzugehen, wodurch abermals die Würde des Bundes aufs Schimpflichste verletzt wurde. Nirgends war mehr ein rechter Halt, nirgends ein durchgehender Gemeinsinn zu finden; überall Zersplitterung der alten Kraft; bei der deutschen Reichsgewalt nach wie vor nicht das leiseste Interesse für den nordischen Städtebund.

Wohl tritt gerade um diese Zeit in allen Wappenschildern der hanseatischen Kontore der Reichsadler hervor; neben dem Schlüssel des heiligen Peters zu Novgorod wie neben dem Stockfische der Bergenfahrer erscheint der halbe Doppeladler; die Faktorei zu Brügge und der Londoner Stahlhof führen den ganzen Doppeladler im Wappen.[159] Aber das Reich bot dennoch keinen Rückhalt irgend welcher Art; die Hansa war bei allen Unternehmungen auf ihre eigenen Mittel beschränkt.

Gelegentlich hören wir wohl einmal von einer Einmischung des Kaisers in die Bundesangelegenheiten. Es betraf die Stadt Köln, welche wegen arger Verletzung der Bundespflichten im Jahre 1470 aus der Hansa gestoßen war. Schon lange hatte die stolze Rheinstadt eine gewisse Eifersucht gegen Lübeck nicht zu unterdrücken vermocht und hatte demselben den Vorsitz auf den Hansatagen wie überhaupt seine Stellung als Bundesoberhaupt streitig gemacht. So weit nun bekannt, war es zum ersten Male im Jahre 1391 zwischen den Lübeckschen und Kölnischen Abgeordneten wegen des Rechts der Wortführung auf den Tagefahrten zu heftigen Erörterungen gekommen.[160] Wiederholt hatte dann Köln im Jahre 1447 sich öffentlich gegen die vermeintlichen Anmaßungen des Bundeshauptes erhoben.[161] Im Jahre 1469 und endlich 1470 waren die Kölner in einer so feindseligen Weise nicht nur gegen Lübeck, sondern auch gegen die ganze Hansa aufgetreten, hatten sich geweigert, die Tagefahrt zu beschicken und hatten bei der eben damals ausgebrochenen Fehde zwischen den Hanseaten und den Engländern so augenscheinlich für die Letzteren Partei ergriffen, daß jetzt die widerspenstige Stadt nicht länger im Bunde geduldet werden konnte. Sie verlor ihre sämmtlichen hanseatischen Privilegien und Gerechtsame; zugleich wurde allen Bundesstädten und auswärtigen Kontoren anbefohlen, fortan kein Kölnisches Gut mehr zuzulassen.[162]

Bei Gelegenheit dieser Zerwürfnisse war es nun, daß Kaiser Friedrich III sich an die Hansa wandte, um die Wiederaufnahme des alten heiligen Kölns zu bewirken. Sein

Vermittlungsversuch hatte Erfolg. Bereits nach sechs Jahren zählte Köln wieder zu den Bundesstädten;[163] dem Wunsche des Kaisers war Genüge geschehen. Von einer weiteren Theilnahme Friedrichs an den Geschicken der Hansa liegt kein Beweis vor.

So ungefähr hatten sich seit der zweiten Hälfte des vierzehnten Jahrhunderts die äußeren und inneren Verhältnisse des norddeutschen Städtebundes gestaltet. Durch die Einführung der Kalmarschen Union, welche Lübeck und seine Genossen anfangs selbst befördert hatten, so wie durch das Emporkommen des burgundischen Herzogthums waren der Hansa eine Reihe von Verwicklungen bereitet worden, welche den innersten Lebensnerv des Bundes verletzt hatten. Noch übte die Hansa, treu ihrem alten Grundsatz, die Oberherrschaft auf den Gewässern der Ostsee und auf den Handelsmärkten des Nordens. Aber schon harrten in zahlreicher Menge die Kauffahrer des Westens an dem Seepasse des Sundes, um ihren Schiffen gewaltsam die freie Benutzung des baltischen Meeres zu verschaffen.

Es kam nun auch die Zeit, wo sich im europäischen Osten eine Macht erhob, die während zweier Jahrhunderte durch Fremdherrschaft in ihrem Bildungsgang gehemmt, mit raschen Schritten jetzt das Langversäumte nachzuholen trachtete. Der Russenstaat ermannte sich. Von ihm sollte der erste entscheidende Schlag gegen die baltische Seeherrschaft der Hansa ausgeführt werden.

IV.

Während des nunmehr fast tausendjährigen Bestandes des russischen Staates haben seine Fürsten den Ort ihres Herrschersitzes zu wiederholten Malen verändert und haben bald in der einen, bald in der anderen Gegend des Reiches ihr kriegerisches Hoflager aufgeschlagen.

Dieser Wechsel der Residenzen hat zum Theil in Zufälligkeiten und äußeren Verhältnissen seinen Grund gehabt; zum Theil ist derselbe aber so augenscheinlich durch den ganzen geschichtlichen Entwicklungsgang des östlichen Slavenreiches bedingt worden, daß man eine Verlegung des großfürstlichen Thrones aus einer Stadt in die andere wohl mit Recht als die jedesmalige Folge oder den Vorboten eines Umschwunges der russischen Herrscherpolitik betrachten kann.

Nachdem Rurik der Normannenführer den russischen Staat gegründet hatte, erhob er Novgorod zur Hauptstadt. Von dort aus konnte er am Leichtesten die Verbindung mit den skandinavischen Stammgenossen unterhalten, die bald in immer neuen Kriegshaufen zur Befestigung seiner Herrschaft nach Rußland hinüberzogen. Als Rurik starb, waren alle

Gebiete um Novgorod zwischen der Newa, Oka und Düna bezwungen.

Kaum hatte so der Staat im Norden Halt und Ausdehnung erlangt, als sich auch in seinen Fürsten eine entschiedene Hinneigung nach dem Süden, nach Constantinopel und den unteren Donauländern kund gab. Novgorod ward nun verlassen und die Residenz weiter südlich nach Kiew an den Dnieper verlegt. Schon Oleg, der erste Nachfolger Ruriks, „saß regierend in Kiew und sprach: das soll die Mutter aller russischen Städte werden.“[164]

Im Jahre 907 bereits zieht Oleg mit seiner Flotte den Dnieper hinunter vor Constantinopel und erhebt Tribut von den Griechen.

Noch bestimmter tritt diese Richtung nach dem Süden im Großfürsten Swätoslaw hervor. „Mir behagt es nicht, in Kiew zu sein,“ sagt er zu seiner Mutter und seinen Bojaren, „ich will in Perejaslavets an der Donau leben, denn dort ist der Mittelpunkt meines Reiches.“[165]

Dieser Plan des Großfürsten kam indeß nicht zur Ausführung. Kiew blieb die Residenz der Rurikingen bis zum Jahre 1240, wo die Stadt von den Mongolen erobert wurde und in Asche sank.

Während der nächsten neunzig Jahre der Mongolenherrschaft über Rußland war der Sitz der Großfürsten abwechselnd in Wladimir, Twer und in anderen Städten.

Mit der Erhebung Moskaus zur Hauptstadt beginnt dann die allmählige Befreiung des Reiches von dem asiatischen Joche. Im Jahre 1328 wird fast gleichzeitig mit dem großfürstlichen Throne auch der Sitz des russischen Metropoliten nach Moskau verlegt. Dort gebietet seit dem Jahre 1340 der staatskluge Simeon, der sich zuerst den Namen eines „Großfürsten von ganz Rußland“ beizulegen wagte. Eben dort ist der Sammelplatz der begeisterten Heeresmassen an deren Spitze Dmitry Donskoi am 8. September 1380 auf den Kulikowschen Ebenen den denkwürdigen Sieg über den Tatarenchan Mamai erkämpft. Dort endlich auf dem Kreml thront hundert Jahre später der „weiße Czar“ Iwan Wassiljewitsch, der Wiedervereiniger des alten Rußlands und der Begründer einer Alleinherrschaft, vor deren Gewalt die letzte Macht der goldenen Orde zusammenbrechen mußte.

So ward Moskau der religiöse und politische Mittelpunkt des Reiches. Im eigentlichen Rußland, im Kernlande der Großrussen gelegen, erlangte die Stadt mit der unaufhaltsam fortschreitenden Ausdehnung des großfürstlichen Ländergebietes eine immer höhere nationale Bedeutung. Wie früher Kiew wurde jetzt Moskau die heilige Stadt der Russen.

Indeß der inneren Macht des Staates entsprach nicht sogleich seine Stellung nach Außen. Ihm fehlte die Verbindung mit dem Meere. Alle Versuche, an die Ostsee oder an das schwarze Meer vorzudringen, schlugen während der nächsten Zeiten fehl.

Da schwingt sich zu Ausgang des siebenzehnten Jahrhunderts der junge Peter Alexejewitsch auf den Czarenthron. Entweder im Süden oder im Norden soll nun der Seeweg gefunden werden. Anfänglich lenkt Peter seinen Blick auf das schwarze Meer. Asow wird erobert, der Stadt gegenüber bereits ein Fort, das erste Petersburg, angelegt.[166] Bald jedoch bietet die Ostsee ihm größere Vortheile, vor Allem eine leichtere Verbindung mit der westlichen Kulturwelt. So wird das zweite Petersburg an der Newa erbaut; im baltischen Seegebiete, wo Rurik vor neunhundert Jahren den Grund zum russischen Staate gelegt, erhebt sich nun wieder die Residenz des Reiches. Rußland tritt in engeren Verkehr mit den Staaten des Abendlandes, um dort binnen Kurzem seine Macht zur vollen Geltung zu bringen.

Aber der Glanz, welchen Moskau bis dahin um sich verbreitet hatte, konnte durch das Emporkommen Petersburgs nicht so leicht verdunkelt werden. Wie einst Persepolis im alten Perserreiche neben den jüngeren Residenzstädten Susa, Ekbatana und Babylon stets als das Heiligthum des Landes betrachtet wurde, so erhielt sich auch das ehrwürdige Moskau noch lange in seiner früheren Stellung als die ächt russische Hauptstadt, auf der eine Vergangenheit von vier glorreichen Jahrhunderten ruhte.

Wenden wir uns zu Novgorod, der ältesten der russischen Residenzen zurück, so hatte diese inzwischen ein minder glückliches Geschick getroffen. Schon durch die Verlegung des großfürstlichen Thrones von dort nach Kiew war die Stadt dem Herrscherhause entfremdet worden, und hatte sich bald zu einem fast selbstständigen Gemeinwesen ausgebildet. Die lose Verbindung, in welcher seitdem dieser Freistaat zum übrigen Reiche gestanden, seine Macht, welche sich über den ganzen Norden Rußlands erstreckte, dazu der Unabhängigkeitssinn seiner Bürger, der weder durch die Mongolenchane noch durch einen der russischen Fürsten dauernd gebeugt worden war, alle diese Verhältnisse brachten es mit sich, daß Novgorod von Anfang an zu Moskau eine feindselige Stellung einnahm und daß dieses wiederum in der Wolchowrepublik einen seiner gefährlichsten Nebenbuhler erkannte. Schon Dmitry Donskoi und seine Nachfolger hatten verschiedene Versuche gemacht, den Freistaat dem Moskauischen Herrscherhause zu unterwerfen; einen nachhaltigen Erfolg hatten jedoch die Großfürsten nicht erringen können.

Erst Iwan III gelang es, Novgorod unter seine Botmäßigkeit zu bringen und so die Einheit Rußlands auch im Norden wieder herzustellen. Ein Feldzug, den er zuerst im Jahre 1471 gegen den Freistaat unternahm, dann ein zweiter im Jahre 1478 setzten der Volksherrschaft am Wolchow ein blutiges Ende. Novgorod mußte seine Selbstständigkeit aufgeben. Für alle Zeit verstummte nun die Wetschaglocke, die so oft die Bewohner der Stadt zu den Versammlungen gerufen hatte. Eine schwere Schatzung vernichtete den Wohlstand der Bevölkerung und die weiten Ländergebiete, welche noch so eben der Republik gehorcht hatten, beugten sich bald vor dem siegreichen Doppelaar des moskauischen Czaren.

Zu dem Jahre 1477 berichtet der Lübecker Chronist, welcher durch Novgorodfahrer von diesen Vorgängen am Wolchow Kunde erhalten, daß man dort noch vor Kurzem eine solche Wendung der Dinge für unmöglich gehalten habe; und wie im Vorgefühle der Zeiten, die da kommen sollten, fügt derselbe Chronist die Mahnung bei: „Darum welcher Mann steht, der sehe zu, daß er nicht falle.“[167] Es war, als gälten diese Worte den Deutschen, die inmitten der drohenden Gefahren noch ungestört in Novgorod ihren Geschäften nachgingen, die aber nur zu bald, gleich den übrigen Bewohnern der Stadt, die härtesten Prüfungen erdulden mußten. Die Tage des Hofes zu Sanct Peter am Wolchow waren bereits gezählt.

Unter allen auswärtigen Factoreien und Kontoren der Hansa galt ihr Hof zu Novgorod wohl stets für diejenige Niederlassung, aus welcher die Bundesstädte den größten Gewinn zogen. Dort waren die Hanseaten die alleinigen Herren des Marktes, dort bestand ein Verkehr, dessen Geheimnisse sie allein kannten und dessen Vortheile sie durch ihre langjährigen Beziehungen zu den Russen aufs Erfolgreichste auszubeuten gelernt hatten.

Fast Alles, was Novgorod für seinen eigenen Bedarf und den seiner östlichen Handelsgebiete von den Produkten des Abendlandes und der Südwelt gebrauchte, erhielt die Stadt durch die Vermittlung der Deutschen. Fremde Kaufleute duldete die Hansa unter keiner Bedingung auf dem dortigen Kontore und die Fahrt auf dem baltischen Meere war den westlichen Völkern so gut wie den Novgorodern verschlossen. Nur selten wagten sich noch die russischen Schiffer in die Ostsee, um dort eigenen Handel zu treiben. Als im Jahre 1398 einzelne derselben sich in den baltischen Gewässern zeigten, schrieben die livländischen Städte ungesäumt nach Preußen, „daß russische Kauffahrer sich auf der See hätten blicken lassen, was doch früher nie dagewesen wäre; man möge deshalb diese Sache mit dem Hochmeister berathen und ihn ersuchen, daß er den Russen die Ein- und Ausfahrt in den preußischen Häfen verbiete, wie in Livland gleichfalls geschehen solle, um den Kaufmann vor jedem Schaden sicher zu stellen."[168] Vier und zwanzig Jahre später blieb man bei solchen Maßregeln nicht mehr stehen: als sich im Jahre 1422 wieder ein russisches Schiff in der Ostsee zeigte, ward dasselbe sofort nach Wismar gebracht und die Ladung, welche aus 14 Schiffpfund 8 Liespfund Wachs bestand, mit Beschlag belegt, wogegen freilich dem Schiffsherrn Entschädigung angeboten wurde.[169]

In ähnlicher Weise verfuhr die Hansa gegen jeden Ausländer, der sich in den Novgoroder Hof einzuschleichen suchte. Besonders fürchtete man dort nächst den betriebsamen Flandrern das Erscheinen von Lombarden, welche schon lange wegen ihrer Schlauheit in Wechselgeschäften und wegen mancher betrüglicher Geldunternehmungen bei der ganzen nordischen Handelswelt in so schlechtem Rufe standen, daß die Hansa endlich im Jahre 1405 darauf antrug, jenen gefährlichen Menschen den Aufenthalt in den Ostseestädten nicht länger zu gestatten.[170] Sanct Peter am Wolchow duldete die „Lumbarden" bereits seit dem Jahre 1346 nicht mehr in seinen Mauern.[171] Als es dennoch wenige Jahre später einem dieser verschmitzten Italiener gelang, sich bis Novgorod durchzuschlagen, ließen die vorsichtigen Aelterleute des dortigen deutschen Hofes ihn sogleich wissen, daß er nur nicht wagen möge, ihr Kontor zu betreten. Dieser Vorfall machte derzeit großes Aufsehen in den baltischen Gegenden und zog noch Weitläufigkeiten aller Art nach sich.[172]

Der Betrieb des russisch-deutschen Geschäftes war nun keineswegs auf die Stadt Novgorod beschränkt. Außerhalb derselben gab es eine Reihe von Orten, in welchen es den Hanseaten vom Bunde gestattet war, mit den Russen Handel zu treiben. Dahin gehörten Pskow oder Pleskow, die Schwesterstadt der Wolchowrepublik, die wie diese eine Art selbstständigen Freistaat bildete; ferner das alte Poloczk an der oberen Düna; von den livländischen Städten Riga, Fellin, Reval und endlich Dorpat, das ein so vielbesuchter und wichtiger Platz für den Verkehr der Russen war, daß diese bereits im Jahre 1437 dort zwei griechische Kirchen besessen haben sollen.[173]

Die Hauptgeschäfte machten die Hanseaten indeß stets zu Novgorod selbst. Dort fanden sich ihre Kaufleute in zahlreicher Menge ein, meistens Handelsherren aus den wendischen und westfälischen Bundesstädten, welche von Alters her diesem Zweige des nordischen Verkehrs die größte Aufmerksamkeit zugewandt hatten. Dort waren ihre Speicher, Meßbuden und Kontore, in denen sie die von weit her mitgebrachten Waaren, vorzüglich Tücher, gesalzene Fische und eiserne Geräthschaften niederlegen und demnächst gegen die russischen Erzeugnisse austauschen konnten. Gold und Silber durfte nicht nach Novgorod ausgeführt werden; wenn es doch geschah, so war dies nur auf heimlichen Wegen möglich.[174] Ueberhaupt mußte jeder Genosse des Hofes sich verpflichten, an Gütern jährlich nur für den Werth einer bestimmten Summe dorthin zu senden: im Jahre 1346 wurde die Verfügung getroffen, daß diese Werthsumme nicht die Höhe von tausend Mark überschreiten dürfe.[175] Es geschah das, um den deutschen Kaufmann für den Fall eines plötzlichen Verlustes seiner Waaren, dessen die Fremden in Novgorod jeden Augenblick gewärtig sein mußten, vor zu großem Schaden zu bewahren.

Denn der Boden, auf welchem Sanct Peter stand, bot den Deutschen neben reichem Gewinn Gefahren aller Art. Auf keiner Niederlassung hatte der Kaufmann mit solchen Widerwärtigkeiten zu kämpfen wie in Novgorod. Die Zeiten der Freundschaft und Zuneigung, welche die Novgoroder einst für ihre hanseatischen Gäste gehegt und welche noch im Jahre 1269 den Fürsten Jaroslaw bestimmt hatten, den großen Freibrief an die „deutschen Söhne, an die Gothen und an die Leute aller lateinischen Zungen" zu erlassen, die Zeiten waren rasch vergangen. Mit der Erweiterung der Macht und des Ansehens der Wolchowrepublik hatte diese allmählig versucht, sich der Fesseln zu entledigen, welche die Hansa ihrem Verkehrsleben aufgelegt. An die Stelle des früheren guten Einvernehmens war eine Verstimmung gegen die Bewohner des deutschen Hofes getreten, welche bald zu offnen Feindseligkeiten führte. Seit dem Ende des vierzehnten Jahrhunderts vergingen selten zehn Jahre, ohne daß es zu den ärgerlichsten Streitigkeiten zwischen den Novgorodern und den Hanseaten gekommen wäre.[176] Immer neue Klagen erhoben die Russen gegen die fremden Kaufleute; bald waren Tuche auf den Markt gebracht, die nicht die gehörige Länge und Breite hatten, bald beschwerte man sich über die schlechten Häringssendungen, bald über das Salz, welches nicht das erforderliche Gewicht gehabt.[177]

Solchen Uebelständen suchte dann gewöhnlich die Hansa, so gut es ging, durch die strengste Beaufsichtigung und Prüfung der eingeführten Handelsgegenstände vorzubeugen. Waren die Novgoroder aber dennoch nicht zufrieden zu stellen, so verschlossen die Deutschen ihre Kirche und Kontore, verließen den Hof, untersagten bis auf Weiteres allen Verkehr mit den Russen und traten nicht eher wieder in Verbindung mit ihnen, als bis ein gütlicher Vergleich zu Stande gebracht war. Oft freilich kamen die Hanseaten nicht so leichten Kaufs davon: als um das Jahr 1423 ein Streit zwischen den Hofbewohnern von Sanct Peter und den Novgorodern ausgebrochen war, ließen diese die sämmtlichen in der Stadt befindlichen Deutschen in Ketten legen, zogen ihre Güter ein und hingen sogar einen Russen, welcher die verrätherische Absicht gehabt, den Brief eines Deutschen zu befördern, am Thore des Hofes auf.[178] Aehnliche Auftritte, wenn auch nicht so leidenschaftlicher Art, wiederholten sich nur zu häufig und hatten stets langdauernde Handelsstockungen zur Folge.

Indeß so hemmend derartige Schwankungen auch auf den Betrieb des russischen Geschäftes einwirken mochten, so waren doch die rührigen Hansemänner zu sehr auf ihren Gewinn bedacht, als daß sie nicht nach Beendigung einer jedesmaligen Handelssperre mit immer neuer Zuversicht und immer weitergehenden Plänen ihre Kontore zu Novgorod wieder bezogen hätten. Die Wichtigkeit dieses Platzes war nun einmal zu groß für sie, zu lockend die Vortheile, welche sie dem dortigen Geschäfte abgelauscht hatten. Kein Ungemach irgend welcher Art vermochte daher die Deutschen auf lange Zeit vom Novgoroder Hofe entfernt zu halten, und selbst das Unglück, welches die Eroberungszüge Iwans III seit dem Jahre 1471 über die Stadt gebracht hatten, schien anfangs die Hanseaten in ihrem dortigen Geschäftsleben nicht im Mindesten zu stören. Ihre Absicht ging ohne Zweifel dahin, die alten Beziehungen zu Novgorod auch unter der neuen Ordnung der Dinge fortzuführen.[179]

Aber Anderes hatte bereits der Czar beschlossen. Seinen Herrscherplänen, jeden fremden Einfluß sowohl im Osten wie im Westen des Russenreiches zu brechen, lief es zuwider, eine so ansehnliche Niederlassung, wie die der Hanseaten am Wolchow, dort länger zu dulden. Bald war sein Haß gegen die Deutschen diesen kein Geheimniß mehr, und eine Gelegenheit, sie das volle Maß seiner Abneigung fühlen zu lassen, bot sich dem Großfürsten nur zu rasch dar.

Im Jahre 1494 wurden in Reval zwei Russen auf grausame Weise hingerichtet; der Eine, ein vornehmer Mann, welcher durch unzüchtiges Leben allgemeinen Anstoß in der Stadt gegeben hatte, ward zu Tode gesotten, der Andere wegen Falschmünzerei öffentlich verbrannt. Diese Vorfälle reizten den Zorn Iwans. Er verlangte von den Revalern die Auslieferung derjenigen, welche zu solcher Strafe die Hand geboten, erhielt aber eine abschlägige Antwort. Hatten die Revaler schon früher die Unzufriedenheit des Czaren erregt, indem sie angeblich seinen nach Deutschland reisenden Gesandten Hindernisse in den Weg gelegt, so kannte jetzt die Erbitterung Iwans keine Grenzen mehr. Was Reval verschuldet, das sollten die Deutschen in Novgorod büßen. Augenblicklich gab er den Befehl, alle dortigen Hanseaten zu verhaften und in strenges Gewahrsam zu bringen. Demgemäß wurden am Laurentiustage, den 10. August 1494, der Hof und die Kirche Sanct Peter durch die großfürstlichen Beamten geschlossen; neun und vierzig der angesehensten Kaufleute aus Lübeck, Hamburg, Greifswald, aus Westfalen und Livland mußten ins Gefängniß wandern; ihre Waaren, deren Werth man auf 960,000 Mark anschlug, so wie die sämmtlichen Hof- und Kirchengeräthschaften, Thurmglocken und silberne Kleinodien wurden nach Moskau gebracht.[180]

Dieser Schlag traf die Hansa wie ein Blitz aus heiterem Himmel. Noch waren nicht acht Jahre verflossen, daß die Bundesstädte eine vollgültige Bestätigung ihrer früheren Handelsprivilegien auf weitere zwanzig Jahre in Novgorod erlangt hatten,[181] und schon waren alle Verträge und feierlichen Zugeständnisse in einer Weise gebrochen, welche den schlimmsten Befürchtungen für die Zukunft Raum geben mußte. Eine Gesandtschaft, welche bereits im folgenden Jahre von den Städten nach Rußland geschickt wurde, um die Freilassung der gefangenen Kaufherren und die Herausgabe ihrer Waaren zu bewirken, vermochte anfangs nichts bei dem Czaren durchzusetzen. Erst nach langen Unterhandlungen verstand sich Iwan dazu, die Mehrzahl der Verhafteten zu entlassen. Einige derselben behielt er noch als Geißeln zurück; andere waren inzwischen im Kerker gestorben. Von den eingezogenen Waaren gab er nichts heraus. Der Hof in Novgorod blieb verschlossen; nur zwei Häuser, das sogenannte gothische und das deutsche wurden dort den Hanseaten wieder eingeräumt. Zu einer Wiedererlangung ihrer früheren Gerechtsame war zunächst keine Aussicht vorhanden.[182]

Als Iwan im Jahre 1505 starb und sein Sohn Wassily den Thron bestiegen hatte, wagten die Städte wieder an eine Aufnahme ihrer Geschäftsverbindungen mit Novgorod zu denken. Unterhandlungen mit dem Czaren wurden eingeleitet, welche im Jahre 1514 wirklich zum Abschlusse eines Vertrages führten, wonach den Deutschen ihre Kirche und ihre sämmtlichen Häuser und Buden am Wolchow wieder geöffnet und mit einigen Beschränkungen ihnen die einstigen Freiheiten bestätigt wurden.[183]

Aber der alte Glanz war von Sanct Peter gewichen. Ueberall machten sich die Folgen der zwanzigjährigen Handelssperre fühlbar. Während ehedem die Deutschen fast den ganzen Markt in Novgorod beherrscht, mußten sie jetzt bald sehen, daß sich inzwischen die Dänen dort eingedrängt und sogar die Erlaubniß erhalten hatten, eine eigene Kirche zu gründen.[184] Dazu kam, daß die livländischen Städte in den letzten zwanzig Jahren das ganze hanseatisch-russische Geschäft an sich gezogen hatten und jetzt Alles daran setzten, um das Aufblühen des Hofes in Novgorod zu hintertreiben.[185]

So verlor das Kontor am Wolchow allmählig seine Bedeutung für die Hansa. Mit der Macht und dem Reichthum Novgorods sank auch diese einst blühende Niederlassung der Deutschen; ihr ganzer Verkehr mit Rußland wurde fortan ausschließlich durch Riga, Reval, Dorpat und die übrigen livländischen Städte vermittelt; Sanct Peter kam mehr und mehr in Vergessenheit. Als im Jahre 1570 Franz Nyenstädt, der nachmalige Bürgermeister von Riga, auf den deutschen Hof in Novgorod kam, fand er dort nur noch einige Ueberreste von der steinernen Peterskirche, ein einziges kleines Gewölbe und eine hölzerne Stube, welche ihm und seinem Diener als Obdach diente. Von der früheren Herrlichkeit war nichts mehr zu sehen.[186]

V.

Mit den Ereignissen, welche zu Ende des funfzehnten Jahrhunderts den Verfall des deutschen Hofes in Novgorod vorbereiteten, hängt aufs Engste eine Reihe von Unternehmungen zusammen, welche der Großfürst Iwan fast gleichzeitig gegen Livland ausführte.

Der Name Livland diente damals noch nach alter Weise als gemeinschaftliche Bezeichnung für die Gebiete, welche heute die Provinzen Estland, Livland und Curland bilden. In diesen Landen herrschte überall der Deutsche. Drei Jahrhunderte waren verflossen, seitdem der Priester Meinhard die erste christliche Kirche am Dünaufer angelegt, und von jener Zeit an hatte Deutschland nicht aufgehört seine besten Kräfte, die Blüthe seines Adels, den Kern seines Bürgerthums, seine Mönche und Geistlichen, seine Kaufherren und Handwerker, seine Kriegsknechte und Söldner hinauf nach dem baltischen Nordlande zu schicken, um dort dem christlichen Glauben und deutschem Leben eine sichere Stätte zu bereiten. Bald hatte sich das Land gefüllt mit Colonisten aller Art; und während der Fleiß der Handelsleute an den Flüssen und Meeresbuchten blühende Städte und Hafenplätze geschaffen, hatten die Ritter weit und breit im ganzen Lande ihre Festen und Schlösser, die Geistlichen ihre Kirchen und Klöster eingerichtet. Und Alles war in diesem Außendeutschland dem Brauche des Mutterlandes nachgebildet worden. Mit der Sprache hatten sich hier deutsches Recht und deutsche Sitte eingebürgert. Von den Thoren der Burgen begrüßten den ankommenden Ritter dieselben Wappenschilder, die er daheim so oft bei den Turnieren wie im Gewühl der Schlachten hatte glänzen sehen. In den Städten fand der baltische Kaufmann an Speichern, Wohnhäusern und öffentlichen Gebäuden die stolzen, hochgetreppten Giebel seiner Heimath wieder; der Klosterbruder seine stille Zelle, die schweigsamen Kreuzgänge und die Pracht der gothischen Dome mit ihren ragenden Glockenthürmen und ihren schlanken gespitzten Fenstern, durch deren bunte Scheiben ihm das nordische Sonnenlicht die hochgewölbten Hallen des Gotteshauses mit sanftem Farbenschimmer wie daheim verklärte. Ueberall umwehten den Deutschen, sobald er den Boden Livlands betreten, vaterländische Erinnerungen; aller Orten hörte er den Klang deutscher Rede, im Gerichtssaale wie auf dem Markte, im Lagerzelte wie am traulichen Familienheerde. Denn fast durchweg überwog hier das Deutsche die Sprache der Landeseingebornen, welche sich in Knechtschaft vor den fremden Herren hatten beugen müssen und welche mit ihrer Freiheit auch ihre Nationalität und die alten Götter aufgegeben hatten, deren Dienst sie nur noch im Geheimen hier und da in ihren heiligen Hainen fortzusetzen wagten.[157]

Die Mehrzahl der Deutschen, welche im Laufe der Zeiten in Livland eingewandert waren, stammte aus den nordwestlichen Theilen Deutschlands, aus Niedersachsen, Friesland, Westfalen und den unteren Rheingegenden. Dorthin deuten die Meisten ihrer Familiennamen, dort hatte sich schon zur Zeit des Bischofs Albert von Burhövden die regste Theilnahme für die baltische Niederlassung gezeigt. Bald war es mehr die eine, bald mehr die andere dieser Landschaften gewesen, welche sich durch ihre Colonisationsthätigkeit hervorgethan. Den ausdauerndsten Eifer haben hierin aber Westfalen und die Nachbarlande bewährt. Ist doch das Volk der Westfalen unter allen deutschen Stämmen von jeher einer der wanderlustigsten und unternehmendsten gewesen und waren doch schon zu Ausgang des funfzehnten Jahrhunderts nach dem Zeugnisse Werner Rolevincks aus Lär seine Landsleute um jene Zeit fast überall in zahlreicher Menge und meistens in den glänzendsten Verhältnissen anzutreffen, so daß dieser alte Mönch in seiner begeisterten Schrift über die Westfalen sich nicht enthalten konnte, mit dem königlichen Sänger auszurufen: ihre Schnur gehet aus in alle Lande und ihre Rede an der Welt Ende![188] Westfalen waren es gewesen, welche im zwölften Jahrhundert gleich nach der Gründung Lübecks sich in der Travenstadt angesiedelt und den größten Theil des dortigen Geschäftes an sich gezogen hatten. Bei der Stiftung der deutschen Colonieen in Wisby und Novgorod hatten sich vornehmlich Kaufleute aus den westfälischen Städten betheiligt. Noch im vorigen Jahrhunderte bestanden in Riga als Gildestuben die beiden Häuser „von Münster" und „von

Soest;"[189] hier wie in fast allen baltischen Seestädten waren die rührigen westfälischen Kaufleute seit den ältesten Zeiten heimisch geworden und hatten bereits im dreizehnten Jahrhunderte den innigsten Zusammenhang zwischen den Ostseelanden und Westfalen angebahnt.

Dem betriebsamen Bürgerstande gab aber der westfälische Adel an Thatkraft und an Unternehmungsgeist nichts nach; reichte das väterliche Erbe nicht aus, um die jüngeren Söhne einer adligen Familie zu ernähren, so verließen sie das elterliche Haus, traten zumeist in den Waffendienst des deutschen Ordens und suchten so im fernen Preußen oder Livland sich eine neue Heimath zu begründen. Zu Anfang des sechszehnten Jahrhunderts nennt der österreichische Freiherr von Herberstein, welcher damals im Auftrage des Kaisers Maximilian nach Moskau geschickt wurde, in seinem Gesandtschaftsberichte neben Jülich und Geldern aufs Bestimmteste das Münsterland als diejenigen Gegenden Deutschlands, aus denen alljährlich immer neue Schaaren von Rittern und Kriegsleuten nach Livland zu ziehen pflegten, um dort in die Stellen der inzwischen Verstorbenen oder der bereits nach Deutschland Heimgekehrten einzurücken.[190] So erhielt Livland seine Plettenberg, Nesselrode, Freytag von Loringhofen, seine Galen, Vincke, Kampenhausen, von der Loë, Fürstenberg, Vietinghof, Budberg, seine Hatzfeld, Heyden, von der Recke, von der Leye und alle jene adligen Geschlechter, deren Namen zum Theil noch heute in den russischen Ostseeprovinzen glänzen und welche der Mehrzahl nach in Westfalen und den Nachbarlanden die Urheimath ihrer Väter anerkennen.[191]

Indeß auch auf den Süden Deutschlands übten die Ostseegegenden zeitweise eine nicht zu verkennende Anziehungskraft aus.

War es hier freilich weniger der Bürgerstand, welcher sich zum Auswandern nach dem baltischen Norden aufgelegt fühlte, so fanden sich doch unter der Ritterschaft viele, die für die Sache ihrer überseeischen Brüder die wärmste Begeisterung zeigten. Der Adel Frankens, Baierns und Schwabens that sich hierbei besonders hervor und war in den Ostseelanden zahlreich vertreten.

Auf solche Weise fanden sich in der livländischen Colonie Ritter aus den verschiedensten Gauen Deutschlands zusammen, die hier entweder nur vorübergehend oder dauernd und für immer ihren Wohnsitz nahmen; und in dem ganzen Leben, welches diese buntgemischte Bevölkerung um sich verbreitete, prägte sich bald in immer deutlicheren Zügen das Bild des gemeinschaftlichen Mutterlandes ab.

Aber auch der Mißton der Uneinigkeit fehlte diesem Abbilde des deutschen Volkslebens keineswegs. Denn mit den angestammten Sitten und Gewohnheiten hatte ein Jeder der Einwanderer auch die Erinnerungen, Neigungen und Abneigungen des heimathlichen Bodens mit hinübergebracht. Jene Eifersucht und jener Hang zur Zwietracht, der mit dem deutschen Volkscharakter so eng verwachsen ist, war unbemerkt auch in die baltische Niederlassung eingedrungen und hatte hier wie in dem deutschen Vaterlande kleinlichen Feindschaften und Parteiungen aller Art den Weg gebahnt. Da hören wir im Jahre 1438 von einem offnen Bruche, der zwischen der rheinländischen und westfälischen Ritterschaft bei Gelegenheit der Wahl eines neuen Landmeisters für Livland entstanden war. Die Rheinländer hatten Heinrich von Rothleben, die Westfalen ihren Vincke von Overberg vorgeschlagen. Als der Hochmeister die Wahl des Ersteren bestätigte, weigerten sich die Westfalen, ihm zu huldigen und brachten es wirklich durch ihre Beharrlichkeit dahin, daß Rothleben zurücktreten und Vincke vom Hochmeister anerkannt werden mußte.[192] Durch diesen Sieg scheint die Partei der westfälischen Ritter zu einem entschiedenen Uebergewichte und in den Besitz der vornehmsten Ordensämter gelangt zu sein, denn als im Jahre 1450 nach dem Tode Vinckes abermals ein Westfale, Johann von Mengden, zum Landmeister über Livland erhoben ward, bekam derselbe von dem Hochmeister sogleich die ausdrückliche Weisung, dafür zu sorgen, „daß die rheinischen Ritter den anderen nicht nachgesetzt, sondern mit ihnen zu gleichen Aemtern und Würden befördert werden möchten.“[193]

In wie weit dieser Befehl des Hochmeisters befolgt ward, ist unbekannt; daß aber immer neue Reibungen zwischen den verschiedenen Landsmannschaften stattfanden, unterliegt keinem Zweifel. So muß es eine Zeit lang wiederum der Partei der oberdeutschen Ritter gelungen sein, das Ansehen der Norddeutschen in Preußen und Livland völlig zu schwächen; der berüchtigte Vers: „Hier darf Niemand Gebietiger sein, er sei denn Schwab', Baier oder Fränkelein,“ spricht nur zu deutlich den Uebermuth aus, mit welchem der Süddeutsche in den baltischen Landen auf die übrigen deutschen Ritter hinabsah.[194]

Während diese ärgerlichen Händel die Ordensritterschaft in Livland unter sich entzweiten, wagte die dortige Geistlichkeit, die im Laufe des vierzehnten Jahrhunderts so tief gedemüthigt worden war, ihr Haupt wieder zu erheben und ihre frühere weltliche Machtstellung in Anspruch zu nehmen.

Wir haben gesehen, wie im Jahre 1366 der Rigische Erzbischof sich hatte bequemen müssen, allen seinen Hoheitsrechten zu entsagen, die ihm bis dahin über den Orden und den Hochmeister zugestanden. Seit jener Zeit war die livländische Geistlichkeit mehr und mehr ihres politischen Einflusses beraubt worden. Die Kämpfe, welche sie gegen das steigende Ansehen der Ritterschaft während eines vollen Jahrhunderts mit wechselndem Glücke durchgeführt, schienen ihr Ende erreicht zu haben. Im Jahre 1394 war es dem Hochmeister Konrad von Jungingen gelungen, von dem Papste Bonifacius IX den Befehl zu erwirken, daß künftig Niemand zu einer Domherrnstelle oder zu anderen Aemtern im Rigischen Erzstifte befördert werde, der nicht vorher das Gelübde des deutschen Ordens abgelegt habe und daß überhaupt das Stift nicht mehr ein Stift der Augustiner, sondern des deutschen Ordens sein solle.[195] Drei Jahre später setzte derselbe Papst auf den Wunsch des Hochmeisters sogar in einer Bulle fest, daß fortan nur ein Bruder des deutschen Ordens zum Erzbischof von Riga gewählt werden dürfe.[196]

Um die ganze Bedeutung dieser päpstlichen Beschlüsse zu fassen, erinnere man sich, wie die livländische Geistlichkeit gerade im Gegensatze zur preußischen sich stets ihre volle Unabhängigkeit vom Orden erhalten hatte. Gelang es daher der römischen Curie eine solche Veränderung, wie sie von Bonifacius beabsichtigt war, im Rigischen Kirchenwesen durchzuführen, so war dies eine Erweiterung der Ordensmacht, welche dem Hochmeister auch für Livland die Oberherrschaft in allen geistlichen Angelegenheiten sicherte, wie er sie in Preußen bereits seit Langem besessen hatte.

Das erkannte die livländische Geistlichkeit nur zu gut. Noch einmal nahm sie ihre ganze Kraft zusammen, um die Ausführung jener Bullen zu vereiteln und bald standen wieder die Ordensritterschaft und die Geistlichkeit in Livland als die erbittertsten Feinde einander gegenüber. Diese stützte sich auf ihre alten Gerechtsame, von denen sie Nichts aufgeben wollte; der Orden berief sich auf das Wort des Papstes, vermochte indessen diesesmal nicht wie früher seine siegreiche Stellung zu behaupten. Die traurigen Folgen, welche die Tannenberger Niederlage für das Ordenshaus gehabt hatte, dann die Erhebung Martins V, des Kardinals Otto Colonna, zum Papste, welcher seine entschiedene Theilnahme der Sache der Geistlichkeit zuwandte, setzte diese in den Stand, mit wachsender Stärke gegen den deutschen Orden aufzutreten. Als im Jahre 1418 durch den Abgang Johanns von Wallmoden der erzbischöfliche Sitz in Riga erledigt ward, wählte man nicht, wie Bonifacius verlangt hatte, einen Ordensbruder zu seinem Nachfolger, sondern übertrug die Würde dem bisherigen Bischof von Chur, Johann Habundi.[197] Wenige Jahre später hob Martin V die Verordnungen des Papstes Bonifacius ihrem wesentlichen Inhalte nach durch eine Gegenbulle förmlich auf und gab so in unzweideutiger Weise zu erkennen, daß eine Schwächung der geistlichen Macht in Livland mit dem von ihm eingeschlagenen Gange der Politik nicht mehr in Einklang stände.[198]

Der ganze Kampf des Ordens mit der Geistlichkeit hatte damals bereits eine höchst eigenthümliche Gestalt angenommen, indem derselbe die ursprünglichen Streitfragen mehr und mehr bei Seite ließ und sich dagegen um einen anscheinend äußerlichen Gegenstand bewegte. Es handelte sich nämlich fast ausschließlich um die Farbe der Kleidung der livländischen Geistlichen.

Das Gewand der Rigischen Stiftsgeistlichkeit war seit den Zeiten Alberts von Burhövden von weißer Farbe gewesen; Heinrich der Lette meldet ausdrücklich, daß Albert im Jahre 1209 die bisherigen von dem Augustinerpriester Meinhard aufgebrachten „schwarzen Kutten und Kappen" verworfen und an ihre Stelle weiße eingeführt habe.[199] Diese Kleidung, welche der Farbe nach dem weißen Ordensgewande entsprach, erhielt sich im Rigischen Erzstifte fast das ganze dreizehnte und vierzehnte Jahrhundert hindurch, trotz der feindseligen Verhältnisse, welche damals zwischen den Geistlichen und den Rittern obwalteten. Erst um das Jahr 1370 trat hierin eine Veränderung ein; der Erzbischof Siegfried von Blomberg fand es anstößig und der Stellung seiner Geistlichen nicht entsprechend, daß diese ein gleiches Gewand mit dem verhaßten Orden trügen; die ursprüngliche schwarze Kleidung erschien ihm angemessener und er setzte beim Papste Gregor XI durch, daß im Jahre 1373 wiederum die alten schwarzen Kutten und Kappen eingeführt wurden.

Die tiefere Absicht, welche dieser Neuerung zu Grunde lag, konnte bei der gereizten Stimmung des Ordens demselben nicht entgehen; der Landmeister von Livland erkannte darin eine solche Beleidigung, daß er aufs Entschiedenste die Wiederaufnahme des weißen Gewandes verlangte. Als sein Befehl kein Gehör fand, griff man zu den Waffen; der Orden besetzte sämmtliche Stiftsschlösser und suchte mit Gewalt die störrige Geistlichkeit zum Gehorsam zu bringen. Im Jahre 1394 bestimmte dann der Papst Bonifacius IX,. daß ein jeder, welcher ein Amt im Rigischen Erzstifte bekleide, fortan auch verpflichtet sei, die weiße Tracht des Ordens anzulegen.[200]

Aber damit war dieser Kleiderstreit keineswegs beendigt. Sobald der Kampf zwischen dem Orden und der Geistlichkeit wieder erwachte, trat auch die Frage über die Farbe des Gewandes der Letzteren von Neuem in den Vordergrund. Die Partei des Erzbischofs setzte alles daran, um der schwarzen Kutte den Sieg zu verschaffen und wirklich hatte schon der Nachfolger Habundis, der Erzbischof Henning Scharfenberg, der bisher Propst des Domkapitels in Riga gewesen, die Genugthuung, zu sehen, daß das weiße Gewand kraft eines päpstlichen Befehls vom Jahre 1426 abermals dem schwarzen Augustinerkleide weichen mußte.[201] Dagegen erfolgten freilich seitens des Ordens die heftigsten Einreden sowohl in Livland selbst, als auch am römischen Hofe. Es gelang ihm sogar eine Menge auswärtiger Fürsten für seine Sache zu gewinnen: der Erzbischof Theodorich von Cöln, Pfalzgraf Ludwig, sowie die Herzöge Ernst, Wilhelm und Albert von Baiern verwandten sich in kräftiger Weise zu

Gunsten des Ordens bei dem Papste, um die Rücknahme der Bulle vom Jahre 1426 zu bewirken. Indessen alle Bemühungen fruchteten Nichts; die Geistlichkeit hielt fest an ihrem Siege.

Ein neuer Hoffnungsschimmer ging für den Orden auf, als am 5. April 1448 Henning starb und bald darauf an seine Stelle Sylvester Stodewäscher der Ordenskanzler und Kaplan des Hochmeisters mit besonderer Einwilligung des Papstes zum Erzbischof von Riga gewählt ward. Gleich nach dem Tode Hennings, wenn nicht schon zu dessen Lebzeiten, hatte der Hochmeister durch seinen Sachwalter bei der römischen Curie Alles aufgeboten, um die Nachfolge auf dem erzbischöflichen Sitze in Riga einem Ordensbruder zu sichern. Kein Geld war gespart worden, um durch Bestechungen eine jede andere Wahl zu hintertreiben und bereits am 11. Oktober 1448 konnte der Kardinal Firmanus dem Hochmeister die Ernennung Sylvesters anzeigen.[202] Damit schien viel gewonnen zu sein; der Orden hielt sich der Ergebenheit Sylvesters fest versichert, durch ihn glaubte er jetzt völlig Herr der livischen Geistlichkeit zu werden. Mochte sich auch das Rigische Domkapitel gegen diese Wahl erheben; schon am 8. Oktober war die Bulle ausgefertigt worden, durch welche der Papst Nikolaus V der Stadt Riga anzeigte, daß er den Bruder Sylvester „wegen seines Glaubenseifers, seiner Kenntnisse und Tugenden" zum Erzbischof eingesetzt habe;[203] um die Mitte des Jahres 1449 hielt dieser dann seinen feierlichen Einzug in Livland und zwei Jahre später ward von ihm und dem Landmeister ein Vertrag zu Wolmar unterzeichnet, wonach der Rigische Erzbischof und das Domkapitel sich verpflichteten, fortan für alle Zeiten mit dem Orden ein gleiches Gewand zu tragen.[204]

Der Kleiderstreit erreichte somit sein Ende, nachdem er fast achtzig Jahre hindurch die Quelle der gehässigsten Feindseligkeiten gewesen war. Von Neuem sah sich jetzt die Geistlichkeit genöthigt, die weiße Ordenstracht anzulegen; alle Versuche, sie wieder abzuschaffen, blieben erfolglos.

Durch diesen Sieg ermuthigt, hoffte der Orden mit seinen Ansprüchen noch weiter vorgehen zu können; das stolze Riga, das fast bei jeder Gelegenheit seine Anhänglichkeit an die Sache der Geistlichkeit aufs Augenscheinlichste kund gegeben hatte, sollte gedemüthigt und wie im Jahre 1330 gezwungen werden, neben dem Erzbischof den Orden als seinen Herren anzuerkennen. Und auch dieser Plan schien anfangs gelingen zu wollen. Am 30. November 1452 unterzeichnete Sylvester den Vertrag zu Kirchholm, worin er dem Orden die Mitherrschaft über seinen Metropolitansitz zugestand.[205]

Aber was in Kirchholm beschlossen, war in Riga nicht so leicht durchgeführt. Hier zeigte sich eine allgemeine Mißstimmung über den Inhalt des Vergleiches und über die von Neuem in Aussicht gestellte Doppelherrschaft. Die Bevölkerung fürchtete die Einmischung des Ordens in ihre Angelegenheiten und bewog endlich den Erzbischof, von dem Vertrage abzustehen.[206] Daß Sylvester sich zu diesem Treubruch verleiten ließ, hatte für ihn wie für die Stadt die schlimmsten Folgen. Sein Verhältniß zum Orden war plötzlich geändert; dieser betrachtete fortan den Erzbischof als seinen

Feind und glaubte sich zugleich vollständig berechtigt, gegen die Rigenser von allen ihm zu Gebote stehenden Mitteln Gebrauch machen zu dürfen. Es entspann sich ein Kampf um den Besitz der Stadt, welcher während sieben und dreißig Jahren von beiden Seiten mit der größten Hartnäckigkeit und Leidenschaftlichkeit geführt wurde. Endlich im Jahre 1479, als Sylvester sich so eben zu seinem Schutze in ein Bündniß mit Schweden eingelassen hatte,[207] kam es zum offnen Kampfe; der Orden besetzte die vornehmsten Stiftsschlösser, vermochte aber auch jetzt noch nicht die Stadt zur Anerkennung seiner Herrschaft zu zwingen. Erst im Jahre 1491 unter der Regierung des Landmeisters Freytag von Loringhofen ward Rigas Stolz gebeugt; durch die sogenannte Wolmarsche Absprache wurden die Bestimmungen des Kirchholmer Vertrages zur vollen Geltung gebracht.[208]

Inzwischen war der Erzbischof Sylvester längst durch den Tod abberufen. Gleich nach dem Ausbruche des Krieges im Jahre 1479 hatte der Orden sich seiner Person bemächtigt und ihn auf dem Schlosse Kokenhusen in strenger Haft gehalten. Noch in demselben Jahre unterlag der Greis den Qualen der Gefangenschaft, fern von seiner Heimath, überdrüssig eines Lebens, dessen Stürmen und Anforderungen er sich nicht gewachsen fühlen mochte. Ihm war einst ein schöneres Loos beschieden gewesen, als er, noch im Jünglingsalter stehend, auf der Hochschule zu Leipzig in stiller wissenschaftlicher Thätigkeit seine Befriedigung, dann in seinem dortigen Wirkungskreise als Lehrer der Philosophie die öffentliche Anerkennung seiner Zeitgenossen gefunden hatte. Nicht minder erfolgreich war seine spätere Amtsführung als Kanzler und Kaplan des Hochmeisters gewesen.[209] Aber mit der Erhebung auf den erzbischöflichen Stuhl begann sein Stern zu sinken. Verfeindet mit dem Orden, dem er diese Würde verdankt und der in ihm ein willenloses Werkzeug seiner Pläne zu finden gehofft hatte, war Sylvester wie die Mehrzahl seiner Vorgänger in den unglücklichsten Zwiespalt mit sich und mit dem Ordenshause gerathen, wodurch seine dreißigjährige Regierung mit Ausnahme weniger Jahre zu einer fast ununterbrochenen Kette von Ungemach und Leiden wurde. Den Ausgang dieser Wirren sollte er nicht mehr erleben. Er starb verschrieen von dem Orden wegen seiner Wortbrüchigkeit und Treulosigkeit.

Kurze Zeit vor Sylvesters Tode, als gerade die Flammen der Zwietracht zwischen ihm und dem Orden aufs Mächtigste loderten, ward Livland in bedenklicher Weise daran erinnert, daß es wohl an der Zeit wäre, die Feindseligkeiten im Innern einzustellen, um nach Außen möglichst gerüstet dazustehen. Der Czar Iwan III hatte damals so eben die Republik Novgorod seinem Scepter unterworfen; bei dieser Gelegenheit war ein Theil der russischen Kriegsvölker in das Gebiet von Narwa vorgedrungen und hatte hier reiche Beute gemacht.[210] Es war dies das Vorspiel zu größeren Unternehmungen, die bald nachfolgen sollten. Im Jahre 1483 schloß der Orden freilich, nachdem die Russen ihre Verheerungszüge bereits bis Fellin ausgedehnt hatten, einen zwanzigjährigen Waffenstillstand mit Iwan III ab.[211] Wer aber die ganze Regierungsweise dieses Czaren und besonders die Macht ins Auge faßte, zu welcher Rußland unter seiner Herrschaft emporgestiegen war, der durfte sich nicht verhehlen, daß an einen dauernden Frieden von dieser Seite nicht zu denken sei.

Unter solchen Verhältnissen war es für die weitere Entwicklung Livlands von höchster Bedeutung, daß im Jahre 1494 nach dem Tode Freytags von Loringhofen ein Mann an die Spitze des Ordens trat, der es verstand, die zersplitterten Kräfte des Landes wieder zusammenzufassen und Livland nach Außen eine Stellung zu verschaffen, wie es seit den Tagen Alberts von Burhövden sie nicht eingenommen hatte. Am 7. Juli 1494 wurde Wolter von Plettenberg zum Landmeister oder, was dem gleichbedeutend ist, zum Herrmeister von Livland gewählt.[212]

Die Plettenbergs gehören zu den ältesten, noch heute in Westfalen ansässigen adligen Geschlechtern.[213] Von hier waren bereits früh einzelne Mitglieder dieser Familie nach Livland ausgewandert und hatten dort hohe Aemter beim Orden bekleidet. Ob Wolter von Plettenberg in Livland oder in Westfalen geboren, läßt sich eben so wenig wie das Jahr seiner Geburt feststellen. Wir wissen aus seinem früheren Leben nur so viel, daß er im Jahre 1489 bereits Landmarschall des Ordens in Livland gewesen, daß er als solcher die Ordensmacht im Kriege gegen die Rigischen befehligt und daß er im Jahre 1491 als Gesandter nach Moskau gegangen.[214]

Vergegenwärtigen wir uns noch einmal die Lage, in welcher Livland und der Orden sich befanden, als Plettenberg zum Herrmeister gewählt wurde. Durch den Frieden zu Thorn im Jahre 1466 war ganz Westpreußen dem Könige von Polen zugefallen; der Hochmeister herrschte nur noch als Vasall jener Krone über Ostpreußen. Livland war freilich unter der besonderen Botmäßigkeit des Ordens verblieben, ohne irgend wie in ein abhängiges Verhältniß zu Polen gerathen zu sein. Das alte Privilegium des Hochmeisters, kraft dessen seine Bestätigung eingeholt werden sollte, um der Wahl eines livländischen Herrmeisters Gültigkeit zu verleihen, bestand rechtlich noch fort. Jedoch wurde dasselbe von den Livländern bereits häufig umgangen,[215] wie denn überhaupt der staatliche Verband der baltischen Provinz mit Preußen und Deutschland allmählig immer loser geworden war, so daß dieselbe weder von dem in seiner Macht beschränkten Orden noch von dem durch fortgesetzte innere Wirren geschwächten Reiche auf nachhaltige Unterstützung rechnen konnte.

Um so verhängnißvoller war es für Livland, daß gerade zu dieser Zeit in dem benachbarten Rußland ein Herrscher wie Iwan III den Thron bestiegen hatte, der keine Gelegenheit unbenutzt ließ, die Macht und die Grenzen seines Reiches zu erweitern. Wollte Livland, das fast einzig und allein auf sich selbst angewiesen war, noch fernerhin seine Stellung als Beschützer des deutschen Wesens im baltischen Norden behaupten, so mußte es seine volle Kraft und Umsicht aufbieten, um jedem Vordringen des Slaventhums mannhaften Widerstand leisten zu können.

Diese Aufgabe erfaßte Plettenberg in ihrer ganzen Bedeutung; die Schwierigkeiten sie zu lösen traten von Anfang an seinem scharfen Blicke deutlich entgegen. Während die Gefangennahme der Deutschen in Novgorod, welche wenige

Wochen nach seiner Wahl zum Herrmeister stattfand, ihm jeden Zweifel über die weiteren Absichten des Czaren benehmen mußte, zeigte ihm zugleich die unveränderte Theilnahmlosigkeit des Auslandes, daß die livländische Colonie im Falle des Krieges ohne jeden Bundesgenossen dastehen würde. Wohl ließ der rastlos thätige Mann kein Mittel unversucht, um den Hochmeister, das Reich, die einst so kampflustige Hansa für die Sache Livlands zu gewinnen. Ein Bote nach dem anderen ward abgesandt, um den Orden in Deutschland an die mit jedem Jahre wachsende Uebermacht der Russen zu erinnern. Aber statt der gehofften Hülfe kamen nur leere Versprechungen oder Ausflüchte.[216] Der Hochmeister konnte keine Hülfe senden, „weil sein Land neuerdings durch die Pest verwüstet, er überdies genöthigt sei, sich an dem bevorstehenden Kriege gegen die Türken zu betheiligen."[217] Auf dem Reichstage zu Worms im Jahre 1495 hatte der Kaiser Maximilian die Herzöge Magnus und Balthasar von Mecklenburg auffordern lassen, den Livländern Beistand zu leisten. Die beiden Herzöge waren aber diesem Auftrage nicht nachgekommen, indem sie vorschützten, Livland sei von Mecklenburg zu weit entfernt; auch wüßten sie nicht, welche Pläne und Absichten die Fürsten von Pommern, von Stettin, von Barth und von den übrigen zwischen ihrem und dem livländischen Gebiete gelegenen Landen in Bezug auf diese Angelegenheit hegten; an eine Unterstützung zu Wasser sei eben so wenig zu denken.[218] Nicht minder erfolglos blieben die Unterhandlungen Plettenbergs mit den Hansestädten. Auf einer Tagefahrt, die im Jahre 1498 zu Lübeck abgehalten wurde, verstand der Bund sich freilich zu einer Hülfeleistung gegen die Russen;[219] die Hülfe ist jedoch niemals eingetroffen. Was endlich die übrigen benachbarten Mächte anbetrifft, so waren sowohl Schweden als auch Litthauen mit dem Herrmeister Bündnisse eingegangen, zogen sich aber beide im entscheidenden Augenblicke wieder zurück.[220]

Inzwischen hatte Plettenberg im Lande selbst alle Anordnungen getroffen, um auf jeden Angriff, so weit die Verhältnisse es zuließen, gerüstet zu sein. Den Streitigkeiten, welche unter den verschiedenen Landsmannschaften im Orden herrschten, setzte er durch die Verfügung ein Ende, daß fortan nur niedersächsische und westfälische Ritter in Livland zugelassen, alle Süddeutsche hingegen von der Aufnahme unter die dortigen Ordensbrüder ausgeschlossen und nach Preußen gewiesen werden sollten.[221] Auf solche Art ward im Orden die frühere Einigkeit hergestellt, welche jetzt um so nothwendiger war, da die Waffenmacht Livlands vornehmlich auf dem Orden beruhte. Zugleich wurde das Hauptschloß Wenden neu befestigt und die ganze Streitkraft des Ordens aufgeboten.[222]

Während dieser Vorbereitungen zum Kriege zog der Sturm von Osten immer drohender herauf. Die Gebiete von Narwa, Dorpat und Riga litten viel durch die verheerenden Einfälle der Russen. Wie es heißt wurden sogar Gesandte des Ordens vom Feinde gefangen genommen und in einen Kerker geworfen, aus dem sie später nur durch einen unverhofften Zufall wieder entkamen. Dagegen sollen um dieselbe Zeit von den Deutschen in Dorpat eine Menge russischer Kaufleute gewaltsam angehalten und ihrer Waaren beraubt worden sein. Genug, die Zustände verwirrten sich dermaßen, daß endlich der Krieg im Jahre 1501 unvermeidlich wurde.[223]

Im nordöstlichen Theile von Estland, wenige Meilen vom Schlosse Wesenberg entfernt, unter dessen Mauern im Jahre 1268 die denkwürdige Schlacht zwischen dem Orden und den Novgorodern stattgefunden, liegt die kleine Ortschaft Maholm. Dorthin brach Plettenberg zu Ende des Monats August mit seinem Heere von Fellin auf und lagerte sich in der Ebene, um den Feind zu erwarten, da dieser an der benachbarten Grenze seine Streitkräfte zusammengezogen hatte. Nach wenigen Tagen waren die Russen im Anmarsche begriffen. Ihr Heer bestand angeblich aus 40,000 Mann, das der Deutschen aus nur 4000 Reitern und einer nicht weiter bestimmten Anzahl von Fußvolk und groben Geschützen. Aber trotz der Ueberlegenheit des Feindes beschloß Plettenberg, ihn dennoch sofort anzugreifen.[224]

Am 7. September oder, wie Andere wollen, schon am 27. August kam es zur Schlacht. Nachdem die Deutschen früh Morgens vor der auf freiem Felde bei Maholm stehenden Kreuzkapelle ihren Gottesdienst verrichtet, ließ Plettenberg um neun Uhr sein Banner entfalten, wodurch das Zeichen zur Eröffnung des Kampfes gegeben ward.

Die Hauptstärke des Ordensheeres bestand in seiner vortrefflichen Mannszucht und Bewaffnung, vornehmlich aber in der Sicherheit, mit welcher die Geschütze bedient wurden. Hierauf mochte Plettenberg vor Allem gerechnet haben. Denn obgleich der Gebrauch des Feuergewehrs bereits seit dem Jahre

1389 in Rußland bekannt war,[225] so hatte dasselbe dort noch keine weite Verbreitung gefunden. Der Freiherr von Herberstein, der selbst ein erfahrener Kriegsmann war, berichtet, daß die Russen zu Anfang des sechszehnten Jahrhunderts sich weder bei Belagerungen, noch im offnen Felde des gröberen Geschützes bedient hätten, und als Waffen derselben führt er nur Bogen, Pfeile, Lanzen, Säbel, Dolche, Beile und Streitkolben, aber keine Feuerwaffen an. Dazu kam, daß das russische Heer damals fast nur aus Reiterei bestand; eigentliche Abtheilungen von Fußvolk waren wenig oder gar nicht vorhanden.[226]

Alle diese Nachtheile des russischen Kriegswesens zeigten sich aufs Augenscheinlichste bei Maholm. Gegen die enggeschlossenen Angriffe der gepanzerten Ordensritter vermochten die Russen eben so wenig Stand zu halten, wie gegen die wohlgezielten Kugeln ihrer Geschütze. Wenn es wahr ist, daß Plettenberg sich sogar der Kettenkugeln bedient hat, so wird der Schrecken, welchen sein Geschütz unter dem Feinde verbreitete, noch begreiflicher.[227]

Das Schicksal der Schlacht war daher bald entschieden: die Russen erlitten eine vollständige Niederlage; ihr Heer löste sich in wilder Flucht auf. Die Verfolgung der Fliehenden endete erst beim Beginn der Dunkelheit.

Mit diesem Siege hub für Livland eins der thatenreichsten Jahre an. Denn nachdem einmal die Würfel gefallen waren, konnte bei der Erbitterung der Gegner nicht eher an einen Frieden gedacht werden, als bis die Waffen eine vollgültige Entscheidung herbeigeführt hatten.

Noch im Monate September wandte Plettenberg sich mit seiner Streitmacht nach Süden gegen das Gebiet von Pskow, wo, fast gleichzeitig mit der Schlacht bei Maholm, ein anderer Theil der Ordensritter an den Ufern der Siriza einen Sieg über die Heere des Czaren erfochten hatte. Die Stadt Ostrow an der Welikija wurde verbrannt. Schon schickte Plettenberg sich auch zur Belagerung von Pskow an, als plötzlich unter seinen Truppen, denen das Salz ausgegangen war, vielleicht auch in Folge des übermäßigen Genusses von unreifen Früchten die Ruhr ausbrach. Der weitere Feldzugsplan mußte daher aufgegeben werden. Das gesammte Ordensheer verließ das feindliche Gebiet; Plettenberg selbst zog sich auf sein Schloß Helmet an der Grenze des Dorpatschen Landes zurück.[228]

Auf die Kunde von diesem Unfalle beschloß Iwan, der durch den Doppelsieg der Deutschen aufs Höchste erbittert war, sofort einen neuen Feldzug gegen Livland zu unternehmen. Noch vor dem Eintritte des Winters rückten drei starke Abtheilungen russischer und tatarischer Kriegsvölker über die Grenzen und verwüsteten alles Land im Norden und Osten. Zu einer förmlichen Schlacht kam es nicht. Nur bei Helmet, wo sich der Fürst Obolensky mit einer Heeresabtheilung gelagert hatte, entspann sich in der Nacht des 24. Novembers ein Kampf, dessen Ausgang für beide Parteien gleich blutig war. Der Fürst selbst blieb mit vielen der Seinigen; dagegen wurde aber auch fast die ganze Mannschaft, welche der Bischof von Dorpat gestellt hatte, aufgerieben. „Moskowiter und Tataren," berichtet ein russischer Chronist, „hieben die Ketzer nicht etwa mit glänzenden Säbeln nieder, sondern erschlugen sie wie Eber mit ihren Streitkolben."[229]

Unter fortgesetzten Verwüstungen, Plünderungen, Rückzügen und neuen Einfällen der Russen verstrich der Winter des Jahres 1501 auf 1502. Das platte Land wurde dabei schrecklich heimgesucht; die Burgen und Schlösser der Ritter blieben meistens unversehrt. Im März unternahm Plettenberg, nachdem er seine Streitkräfte wieder einigermaßen gesammelt hatte, einen Rachezug ins russische Gebiet. Von einem größeren Gefechte ist aber auch jetzt noch nicht die Rede. Die einzigen namhaften Treffen scheinen bei Iwanogorod und Narva vorgefallen zu sein, wo beide Male die Ritter im Vortheile blieben.[230]

Man mochte im Monate Juli stehen, als sich endlich in Livland eine Krisis vorbereitete. Iwan hatte so eben einen Krieg mit Litthauen begonnen; der Zeitpunkt schien daher günstig zu sein, um einen neuen Angriff gegen Pskow zu unternehmen. Was im vorigen Jahre mißglückt war, das hoffte Plettenberg jetzt durchführen zu können. Und wohl lag bereits in jedem Verzuge die augenscheinlichste Gefahr. Denn so, wie die Dinge sich während der letzten Monate in Livland gestaltet hatten, konnten sie nicht bleiben: die Unsicherheit aller Verhältnisse war nicht länger zu ertragen; noch ein Winter, wie der vergangene und das Land stand am Rande des Verderbens. Dazu kam, daß sich unter den Rittern und den Gebietigern des Heeres bedenkliche Zeichen des Mißtrauens und der Widersetzlichkeit gegen den Herrmeister kundgegeben hatten.[231] Plettenberg mußte daher einen entscheidenden Schlag wagen; und den Muthigen verließ das Glück nicht. Als er sich jetzt an das Land, an die Geistlichkeit und Ritterschaft wandte, um Truppen und Vorräthe zu dem bevorstehenden Kriege gegen Rußland zu erhalten, da riß sein Heldensinn und die Erinnerung an seinen Sieg bei Maholm wieder Alles zur Begeisterung hin. Bereitwillig stellte der Erzbischof von Riga 1000 deutsche Reiter, der Bischof von Dorpat 500, eben so viele brachten die Bischöfe von Reval und Habsal auf; auch der Bischof von Curland rüstete seine Leute aus. Hierzu kam noch die ganze livländische Ordensmacht, so daß Plettenberg etwa 15,000 Mann beisammen hatte.[232]

Mit diesem Heere rückte er im August 1502 vor Isborsk, zerstörte die dortigen Befestigungswerke, zog aber dann, ohne sich zum Herrn der Stadt gemacht zu haben, sofort gegen Pskow, um hier wo möglich einen Hauptschlag auszuführen, bevor noch die Russen Hülfe senden konnten.

Indeß langte diese früher an, als Plettenberg sie erwartet haben mochte. Ein Heer von angeblich 90,000 Mann, welches in der Nähe stand, eilte herbei, noch ehe die Deutschen Pskow bezwungen hatten. An den Ufern des Sees Smolin, südwestlich von Pskow kam es am 13. September zur Schlacht.

Obgleich wieder in der Minderzahl, siegten auch hier die Deutschen hauptsächlich durch das mörderische Feuer ihres Geschützes und durch die Tapferkeit ihrer Landsknechte, welche an jenem Tage den Namen der „eisernen“ erlangten. Den schönsten Ruhm aber trug Plettenberg davon, dessen Feldherrngenie sich hier wie bei Maholm in glänzendster Weise bewährte. Er selbst hatte die ganze Schlacht angeordnet und geleitet, hatte mit stets gleicher Kaltblütigkeit und Umsicht jede Schwäche des Feindes augenblicklich erkannt, um sie sofort aufs Vortheilhafteste zu benutzen und war selbst inmitten des stärksten Kampfgewühls gewesen, um den Muth seiner Truppen zu beleben. Dreimal durchbrach er an der Spitze seiner Ritter die Schlachtreihen der Russen;[233] wo sich die hohe Gestalt des Herrmeisters zeigte, sein edles Antlitz, das durch den vollen schönen Bart und die kühngeschwungene Adlernase Allen kenntlich war,[234] da drohte Tod und Verderben dem Feinde.

Nachdem die Russen das Schlachtfeld geräumt hatten, blieb Plettenberg dort noch drei Tage. Zu einer weiteren Verfolgung der Feinde fehlten ihm die erforderlichen Streitkräfte. Ueberdies hatte er erreicht was er wollte: die deutsche Waffenehre war wieder hergestellt; Livland hatte dem Czaren und dem ganzen Europa gezeigt, was es allein, ohne fremde Hülfe auszurichten im Stande war. Von Deutschland hatte Plettenberg noch immer keine Unterstützung erlangen können. Während des Zeitraums von der Schlacht bei Maholm bis zum Juli 1502 waren seine Gesandten wieder bemüht gewesen, aus dem Reiche Hülfe herbeizuziehen. Aber der Orden in Preußen hatte nur 200 Kriegsknechte mit 20 Pferden aufzubringen vermocht und die Theilnahmlosigkeit einer deutschen Stadt, wie Danzig, ging so weit, daß Einzelne ihrer Kaufherren sich nicht gescheut hatten, dem Feinde Livlands zur Anfertigung des Schießpulvers den nöthigen Bedarf von Schwefel zuzuführen.[235]

Plettenberg wollte jetzt seinen Sieg nur dazu benutzen, um mit dem Czaren Friedensunterhandlungen anzuknüpfen. Zwei Ordensritter wurden daher als Gesandte nach Moskau abgeschickt. Im September des folgenden Jahres ward der Friede mit Iwan und zugleich ein sogenannter Beifriede auf sechs Jahre zwischen Livland und Pskow abgeschlossen. Der erstere Vertrag ist, wie es scheint, verloren gegangen, von den einzelnen Bestimmungen desselben sind daher nur wenige bekannt. Jedenfalls hat er den späteren Friedensabschlüssen als Grundlage gedient, durch welche während eines halben Jahrhunderts die Ruhe zwischen Livland und Rußland gesichert wurde.[236]

VI.

Während Livland auf solche Weise unter der Herrschaft Wolters von Plettenberg noch einmal den glänzendsten Aufschwung nahm, ging im benachbarten Preußenlande der Orden mit raschen Schritten seiner völligen Auflösung entgegen.

Die Folgen des Thorner Friedens hatte der an sich schon kranke Ritterstaat nicht zu überwinden vermocht. Die Beschränkung seiner territorialen Macht so wie die Abhängigkeit von Polen verhinderten jede Erneuerung seiner früheren Kraft. Von Deutschland aus ward ihm keine Hülfe; hier hatte sich die öffentliche Aufmerksamkeit bereits mehr und mehr auf die Türken gerichtet, deren unwiderstehliche Heere den östlichen Grenzen des Reiches immer näher rückten.

Ein Versuch, welchen der Hochmeister Martin von Wetzhausen im Jahre 1478 wagte, sich der polnischen Lehnsherrschaft zu entziehen, konnte daher nur unglücklich ausfallen. Nach Verlauf eines Jahres mußte der Hochmeister die Feindseligkeiten, zu denen er sich hatte verleiten lassen, wieder einstellen und dem Könige von Polen huldigen.

Etwas günstiger schien sich die Lage des Ordens gestalten zu wollen, als im Jahre 1498 der Herzog Friedrich von Sachsen, Sohn Herzogs Albrecht des Beherzten zum Hochmeister ernannt wurde. Durch diese Wahl eines geborenen Fürsten hoffte man das Ansehen des Ordens nach Außen zu heben und denselben mit dem deutschen Reiche wieder fester zu verbinden.

Der Hofstaat des Hochmeisters erhielt unter dem jungen Fürsten, der wie seine nächsten Vorgänger hauptsächlich in Königsberg verweilte, neue Pracht und Ausdehnung; zwei Komtureien wurden eingezogen, um aus ihren Einkünften die vermehrten Kosten zu bestreiten. Den Huldigungseid verweigerte Friedrich dem Könige von Polen trotz wiederholter Aufforderungen aufs Nachdrücklichste. Der Herzog-Hochmeister hielt eine solche Handlung für seiner unwürdig, mochte hierbei aber im Geheimen auf die Nachsicht des Polenkönigs rechnen, der durch die Heirath seiner Schwester Barbara mit dem Herzog Georg von Sachsen in nahen verwandtschaftlichen Beziehungen zu Friedrich stand. Aber nicht nach Außen allein suchte der Hochmeister die Würde des Ritterstaates aufrecht zu erhalten; sein Streben ging vornehmlich darauf hin, durch eine tüchtige Verwaltung des Landes den Sinn für Ordnung wieder zu beleben, die Einkünfte zu vermehren, die Kriegsmacht zu vergrößern, den Handel und Verkehr zu befördern.

Als Friedrich im Jahre 1510 starb, glaubten die Ritter die von ihm eingeschlagenen Wege am sichersten verfolgen zu können, indem sie abermals dem Sprößlinge eines deutschen Fürstenhauses das Meisteramt übertrugen. Als eine hierzu geeignete Persönlichkeit wurde der junge Markgraf Albrecht von Brandenburg aus dem Geschlechte der Hohenzollern bezeichnet und unverzüglich ging im Jahre 1511 eine Gesandtschaft nach Deutschland ab, um mit dem Markgrafen wegen der Annahme der Hochmeisterwürde in Unterhandlung zu treten.

Albrecht stand damals im ein und zwanzigsten Lebensjahre; „ein geschickter junger Fürst, gesund an Leib und Vernunft.“[237] Sein Vater, der Markgraf Friedrich von Anspach und Baireuth, war der Oheim des seit dem Jahre 1499 in der Mark Brandenburg regierenden Kurfürsten Joachim I; seine Mutter war eine Schwester des Königs Siegismund von Polen. Diese verwandtschaftlichen Verhältnisse hatten den Orden hauptsächlich bei der Wahl Albrechts geleitet; man versprach sich die glücklichsten Ende. Am 13. Februar 1511 ward der junge Hohenzoller mit den Insignien des Meisteramtes geschmückt; Jahrs darauf am 22. November hielt er seinen Einzug in Königsberg.

Aber die Hoffnungen, welche sich an die Wahl Albrechts geknüpft hatten, schwanden nur zu bald. Trotz seiner nahen Beziehungen zum Polenkönige war dieser doch nicht gesonnen, das lehnsherrliche Verhältniß zu Preußen aufzugeben; und hierauf gerade wollte Albrecht nicht eingehen. Wiederholte Verhandlungen, welche er deshalb mit Siegismund einleitete, führten zu keinem günstigen Ende. Die Spannung zwischen dem Oheim und Neffen steigerte sich dermaßen, daß beide im Jahre 1519 zu den Waffen griffen. Jetzt ließ die Entscheidung nicht auf sich warten. Der Hochmeister, der vergeblich auf Hülfe aus Deutschland gerechnet hatte, mußte der Uebermacht der Polen weichen. Ein Haufe von deutschen

Kriegsvölkern, der endlich im Jahre 1520 zusammengebracht war, kam zu spät, um der Sache des Ordens noch erheblichen Nutzen schaffen zu können. Albrecht schätzte sich glücklich, als ihm im Jahre 1521 ein Waffenstillstand auf vier Jahre bewilligt wurde.

Am 14. Januar 1524 trat der Reichstag in Nürnberg zusammen. Der Hochmeister, der seit dem Jahre 1522 in Deutschland herumgereist war, in der Absicht durch die Vermittlung der Reichsfürsten sein Verhältniß zum Könige von Polen zu ordnen, fand sich auch in Nürnberg ein, um hier persönlich vor dem versammelten Reichstage jene Angelegenheit noch einmal zur Sprache zu bringen und jetzt wo möglich von den Ständen Hülfe zu erlangen.

Damals ging bereits durch ganz Deutschland die große kirchliche Bewegung, welche seit Langem alle Lebensverhältnisse der Nation erschüttert, bis sie endlich durch Martin Luther ihren vollen Ausdruck erlangt hatte.

Am 31. Oktober, dem Vorabende des Allerheiligen Tages 1517 hatte der kühne Augustinermönch an den Thoren der Stiftskirche zu Wittenberg seine fünf und neunzig Sätze „zur Erklärung der Kraft des Ablasses" angeschlagen. Drei Jahre später am 10. December verbrannte er, umgeben von der Wittenberger Studentenschaft, die gegen seine Schriften erlassene päpstliche Bulle. Am 17. und 18. April 1521 hielt er dann vor dem versammelten Reichstage zu Worms seine Vertheidigungsrede und etwa anderthalb Jahre darauf erschien die erste Ausgabe seiner Uebersetzung des neuen Testamentes.

Als der päpstliche Legat Lorenzo Campeggio sich im Jahre

1524 auf den Reichstag nach Nürnberg begab, fand er Deutschland, „das er vor einigen Jahren noch im Glanze einer unerschütterten, für heilig gehaltenen Autorität durchzog, in vollem Abfalle begriffen.“[238] Ueberall hatte die neue Lehre Luthers die Gemüther des Volkes aufs Mächtigste erfaßt und mit sich fortgezogen. Nicht allein in Mitteldeutschland und im Süden, auch unter den ruhigen Niederdeutschen gährte es aller Orten. Während in Ostfriesland, in Hamburg, in Schleswig und Holstein, in den mecklenburgischen und pommerschen Städten Männer wie Jürgen van der Daere, Kempen, Tast, Bockholt, Bugenhagen, Kesselhoth und Andere für die Ausbreitung des lutherischen Glaubens thätig wirkten, stellte sich in Preußen ein hoher Kirchenfürst, der Bischof von Samland Georg von Polentz selbst an die Spitze der Bewegung, welche besonders durch die Prediger Finkenblock, Knade, Böschenstein, Brismann und Amandus angefächt war. Oeffentlich erklärte sich der Bischof für Luther; nach seiner Angabe wurden die Fasten abgeschafft, die Zahl der Festtage verringert, deutsche Messen eingeführt und zum Aergerniß des römischen Hofes schrieb sich Polentz fortan: „aus Gottes Gnade Bischof von Samland,“ ohne in seinem Titel der päpstlichen Bestätigung zu gedenken.[239]

Für die Zukunft Preußens kam jetzt fast Alles darauf an, wie sich der Hochmeister zu dieser kirchlichen Bewegung stellen würde.

Schon lange vor dem Zusammentritte des Reichstages im Jahre 1524 hatte Albrecht während seines Aufenthaltes in Nürnberg den dortigen evangelischen Prediger Osiander kennen gelernt und hatte durch den fortgesetzten Umgang mit ihm ein lebhaftes Interesse für die lutherische Lehre gewonnen. In Folge dessen war er bald mit Luther in schriftlichen Verkehr getreten, um seine Ansichten über einige nothwendige, schon seit mehreren Jahren beabsichtigte Aenderungen der Ordensstatuten einzuholen, und hatte endlich im September 1523 bei seiner Durchreise durch Wittenberg den Reformator selbst aufgesucht. Hier war es nun, wo Albrecht von diesem den ersten Rath erhielt zur Begründung einer selbstständigen Herrschaft in Preußen. „Ich habe dem Hochmeister zugeredet, schrieb Luther seinem Freunde Brismann nach Königsberg, „die thörichten und verkehrten Ordensregeln bei Seite zu werfen, sich eine Frau zu nehmen, in Preußen weltliches Regiment einzuführen und das Land zu einem Fürstenthume oder Herzogthume zu erheben. Der Hochmeister hat mir freilich darauf beifällig zugelächelt, hat mir aber keine weitere Antwort gegeben."[240] Bei einer späteren Zusammenkunft mit Luther, die wahrscheinlich zu Ende des Jahres 1523 stattfand, mag Albrecht sich schon offenherziger ausgesprochen haben. Er erhielt bald darauf von Luther eine gründliche Auseinandersetzung über das Papstthum und die päpstliche Macht.

Die vielseitigen Rücksichten, die der Hochmeister gegen den Kaiser, den römischen Hof und gegen die Mehrzahl der deutschen Reichsfürsten zu nehmen hatte, nöthigten ihn noch zur größten Vorsicht und zur Geheimhaltung seiner Pläne. Er mußte vor Allem erst die Entscheidung des Nürnberger Reichstages abwarten. Als sich ihm auch hier keine Aussichten zur

Beendigung seiner Streitfrage mit Polen eröffneten, verließ er Nürnberg, ungewiß über das, was die nächste Zeit ihm bringen würde, aber das Ziel fest im Auge, welches Luther ihm vorgesteckt hatte.

Inzwischen rückte das Ende des Waffenstillstandes mit Polen heran. Es ward daher nothwendig, von Neuem mit König Siegismund Unterhandlungen anzuknüpfen. Als Bevollmächtigte des Hochmeisters traten dieses Mal zwei seiner nächsten Anverwandten auf, sein Bruder der Markgraf Georg und sein Schwager Herzog Friedrich von Liegnitz, beide bekannt als eifrige Anhänger der Evangelischen, beide vertraut mit den Absichten Albrechts. In der zweiten Woche des Monats März 1525 begannen die Verhandlungen in Krakau, wohin sich Siegismund mit einem Ausschusse des polnischen Reichstages begeben hatte. Dort waren auch der Markgraf Georg und Herzog Friedrich erschienen, während der Hochmeister mit einzelnen Abgeordneten der Stände und des Ordens seinen Aufenthalt zu Beuthen in Schlesien gewählt hatte, etwa zehn bis zwölf Meilen von Krakau entfernt, um so dem Verhandlungsorte möglichst nahe zu sein.

Durch die geschickte Leitung der beiden fürstlichen Vermittler nahm die ganze Angelegenheit bald eine gute Wendung. Als Hauptgrundlage bei der Unterhandlung ward von ihnen der Satz angenommen, daß die Vielherrschaft im Orden und das Prinzip der Wählbarkeit des Hochmeisters die eigentlichen Ursachen des Zerwürfnisses zwischen Preußen und der Krone Polen seien; um einen dauerhaften Frieden herzustellen, müsse der Hochmeister zum erblichen Herzog erhoben werden.

Diese Ansicht gefiel dem Könige und bereits am 19. März erhielt der Hochmeister in Beuthen die Nachricht, daß Siegismund von seinem Rechte als Lehnsherr Preußens zwar nicht abstehen wolle, daß er aber, um die alten Feindseligkeiten völlig zu beseitigen, bereit sei, dem Hochmeister Albrecht das Land als erbliches Herzogthum zu überlassen.

Hieran hielt Albrecht fest, erfüllt von den freudigsten Hoffnungen. Bei seinen Ständen zeigten sich wohl noch mannigfache Bedenken über diesen Vorschlag, wie auch im polnischen Reichsrathe sich anfangs gegen denselben mächtige Stimmen erhoben. Indeß konnte ein nachhaltiger Widerstand von keiner Seite statthaben, da schließlich alle Theile erkennen mußten, daß sie bei diesem Auswege am besten ihre Rechnung fanden. Während Albrecht die Einwürfe der Stände durch das Versprechen beseitigte, ihnen ihre Freiheiten nicht zu kürzen und keinen Fremden fortan in seinem Lande anzustellen, gewann im polnischen Reichsrathe die Ansicht immer mehr Raum, daß Preußen auf solche Weise noch enger als zuvor mit Polen verbunden sein und dadurch zugleich den langwierigen Kriegen ein Ende gesetzt würde, welche für Polen wie für den Orden gleich nachtheilig gewesen waren.[241]

Am 10. April 1525 erfolgte die Belehnung Albrechts in Krakau. Auf dem Markte war der königliche Thron errichtet; mit seltener Pracht ging die feierliche Handlung vor sich. Die Erblichkeit der Herzogswürde ward Albrecht und seinen männlichen Nachkommen, so wie auch für den Fall, daß diese Linie aussterben sollte, seinen drei Brüdern und deren männlichen Nachkommen zugesichert.

Zwei Monate später hielt Albrecht seinen glänzenden Einzug in Königsberg und im folgenden Jahre wählte er die dänische Prinzessin Dorothea zu seiner Gemalin.

Von nun an trat Albrecht, nachdem er den Ordensmantel mit dem herzoglichen Gewande vertauscht und sein Verhältniß zum römischen Hofe aufgegeben hatte, öffentlich für die Verbreitung der neuen Lehre in seinem Lande auf. Die Klöster wurden in Spitäler verwandelt; freiwillig verzichteten die Bischöfe von Samland und Pomesanien auf ihre weltliche Gewalt und mit Begeisterung konnte Luther an Georg von Polentz die Worte richten: „Siehe dies Wunder! in vollem Laufe, mit vollen Segeln eilt jetzt das Evangelium nach Preußen!“[242]

Dem Strome der allgemeinen Bewegung vermochte der Orden keinen Widerstand zu leisten. Gleich beim Beginne der Reformation in Preußen hatten mehrere Ritter das Kreuz abgelegt und sich verheirathet. Die wenigen Ordensbrüder, welche jetzt noch mit der neuen Wendung der Dinge nicht einverstanden sein mochten, verließen Preußen, um sich mit den in Deutschland befindlichen Resten ihrer Genossenschaft zu vereinigen und sich unter die Führung eines neugewählten Hochmeisters, Wolter von Kronberg, zu stellen, welcher seinen Sitz in Mergentheim nahm.

So endete das Reich des deutschen Ordens in den südlichen Ostseelanden, nachdem es dort fast drei Jahrhunderte bestanden hatte. An seiner Stelle erhob sich jetzt im östlichen Preußen ein Zweig des Hohenzollern-Stammes, dem es, trotz der polnischen Oberhoheit, gelang, die engsten Beziehungen zum deutschen Reiche aufrecht zu erhalten. Etwa hundert Jahre später übernimmt dann beim Tode des Herzogs Albert Friedrich, Sohnes des Herzogs Albrecht, kraft des Krakauer Vertrages vom Jahre 1525, der brandenburgische Kurfürst Georg Wilhelm — freilich auch noch als Lehnsmann Polens — die Regierung in Preußen, bis endlich durch den Vergleich zu Welau im Jahre 1657 dem großen Kurfürsten Friedrich Wilhelm die souveraine Herzogswürde in Preußen zuerkannt wurde.

Wie stellte sich nun Livland zu allen diesen Veränderungen, die in Preußen und im Orden vorgegangen waren?

Auch hier hatten sich die Folgen der Reformation früh bemerkbar gemacht und hatten hier wie in Deutschland zu gewaltigen Bewegungen geführt. Als erster Lehrer der lutherischen Glaubenssätze tritt uns im Jahre 1522 Andreas Knoph in Riga entgegen.

Knoph oder Knopff, auch Knöpken genannt, stammte aus Cüstrin.[243] Ueber seine früheren Lebensverhältnisse fehlen alle Nachrichten. Erst um das Jahr 1519 finden wir ihn als Lehrer an der Hochschule zu Treptow an der Rega thätig, wo er mit seinem Amtsgenossen Johannes Bugenhagen, dem pommerschen Reformator, in den freundschaftlichsten Beziehungen lebte. Diese Schule stand damals in einem ausgezeichneten Rufe; nicht allein aus Pommern, auch aus Westfalen und Livland strömte die lernbegierige Jugend dort in zahlreicher Menge zusammen. Mit der Annahme der lutherischen Lehre, welcher sowohl Bugenhagen als auch Knoph und die Geistlichen des benachbarten Klosters Belbog sich seit dem

9 *

Jahre 1520 aufs Eifrigste zuwandten, begann aber plötzlich der Flor der Hochschule zu sinken. Wiederholte öffentliche Ruhestörungen und Angriffe auf die katholische Geistlichkeit, zu denen die Bewohner von Treptow sich vornehmlich durch die aufregenden Reden des dortigen Pfarrers Kürcke hatten verleiten lassen, machten das Einschreiten des Herzogs Bogislaw X von Pommern und des Bischofs Martin von Kammin, dessen Sprengel Treptow angehörte, erforderlich. Kürcke wurde verhaftet, Bugenhagen verließ Treptow, um nach Wittenberg überzusiedeln. Als auch hiermit die Aufregung kein Ende nahm und im November 1521 nach dem Tode Martins sein bisheriger Coadjutor, der eifrig katholische Erasmus Manteuffel,[244] den bischöflichen Stuhl bestieg, wurden alle ungläubigen Geistlichen und Lehrer, welche in Treptow, Belbog und den benachbarten Orten Aenderungen im Gottesdienste vorgenommen hatten, ihres Amtes entsetzt und wurden entweder ins Gefängniß gebracht oder zum Auswandern genöthigt.

Unter den Flüchtlingen, welche damals Treptow verlassen mußten, befand sich auch Andreas Knoph. Während die meisten seiner Amtsgenossen in Stettin, Stralsund, Belzig und anderen Städten der Umgegend ein Unterkommen suchten, wandte dieser den Blick nach Livland; dort lebte sein Bruder Jacob als Domherr beim Stifte zu Riga, dort mochte er hoffen, außer den jungen Livländern, welche mit ihm zugleich Treptow verlassen hatten, noch manchen anderen treuen Schüler wiederzufinden. Im Jahre 1522 begab sich Knoph nach Riga; es währte auch nicht lange, daß er als Archidiacon an die Peterskirche berufen wurde und am 23. Oktober 1522 hielt er hier seine Antrittspredigt.

Der Zufall wollte, daß fast gleichzeitig mit Knoph sich ein anderer norddeutscher Geistlicher, Sylvester Tegelmeier oder Tegetmeier, in Riga einfand, welcher wie jener den kirchlichen Neuerungen ergeben war. Seit dem Jahre 1520 hatte Tegetmeier, der von Geburt ein Hamburger war,[24] als Kaplan bei dem Dom in Rostock gestanden, war zwei Jahre später nach Riga gereist, um eine Erbschaft zu erheben und mochte bald nach seiner Ankunft die Ueberzeugung gewonnen haben, daß ihm hier ein reicheres Feld der Wirksamkeit offenstände als in Rostock. Bereits am ersten Advent 1522 betrat er die Kanzel in der Jacobikirche.

Die Predigten dieser beiden Männer verfehlten nicht, auf die Einwohnerschaft Rigas einen tiefen Eindruck zu machen; freilich in sehr verschiedenartiger Weise. Während Knoph durch eine sinnige Auslegung der heiligen Schrift zu fesseln strebte und sich durch sein bescheidenes Auftreten besonders unter den angeseheneren Bürgern der Stadt einen großen Anhang verschaffte, eiferte der feurige Tegetmeier nach Art des Doctor Carlstadt in Wittenberg gegen alles bestehende Kirchenregiment und wußte seine Zuhörer dermaßen gegen den Bilderdienst aufzuregen, daß diese bald anfingen, in den Gotteshäusern und auf den Kirchhöfen die Bilder und Leichensteine zu zerstören.

Von Riga theilte sich die Bewegung rasch den übrigen Städten Livlands mit. In Kokenhusen, welches nächst Riga der Hauptsitz des Erzbischofs war, traten die Prediger Brüggemann und Bloshagen, so wie der dortige Schuldirektor Schöslern als erste lutherische Lehrer auf; in Reval die Prediger Lange, Messian, Hase und Böckhold. In Dorpat finden wir vom Jahre 1524 an Melchior Hoffmann thätig,[246] jenen ungestümen Schwaben, der gleich beim Beginne der Reformation so mächtig von dem Strome der neuen Bewegung ergriffen worden, daß er seine Kürschnerwerkstatt verlassen hatte und ausgezogen war, um zu predigen und die Wittenberger Lehre zu verbreiten. Anfangs bekannte er sich zu Luthers Ansichten, später aber fand seine ungezügelte Phantasie nur noch in den Glaubenssätzen der Wiedertäufer Befriedigung. Schon im Jahre 1524 war Hoffmann mit Knipperdolling und mit Melchior Rincks, dem Bilderstürmer, befreundet und machte mit diesen im Sommer eine Reise nach Stockholm. Aus Schweden verwiesen, wandte er sich im Herbste desselben Jahres nach Dorpat, um das Wort, „welches, wie er behauptete, Gott in seinen Mund gelegt, der Welt zu einem Zeugniß zu verkündigen." Keine Noth und keine Mühen vermochten ihn in seinem blinden Eifer zu stören; durch seiner Hände Arbeit mußte er sich oft den dürftigen Lebensunterhalt verschaffen. Aber mit den sich häufenden Schwierigkeiten wuchs seine Begeisterung; immer stürmischer und rücksichtsloser ward seine Predigt; seinen Schritten folgte Tumult und Aufruhr. Wenige Monate nach dem ersten Auftreten Hoffmanns in Dorpat war sein Anhang bereits so zahlreich, daß ein Versuch des dortigen bischöflichen Vogtes, den verwegenen Abenteurer zu verhaften, an der Entschlossenheit der Bürger scheiterte. Der Vogt sah sich genöthigt, die bewaffnete Macht aufzubieten; zwischen dieser und den Bürgern kam es zu einem blutigen Kampfe, welcher damit endete, daß sich die Söldner des Vogtes auf das feste Schloß zurückziehen und die Stadt der Wuth der aufgeregten Massen preisgeben mußten. Die Kirchen wurden nun geplündert, alle Bilder darin zerstört; mit Hülfe von revalschen Kriegsknechten gelang es den Bürgern sogar, sich des Schlosses zu bemächtigen.

Aehnliche Auftritte, wenngleich nicht so wilder Art, hatten schon früher zu wiederholten Malen in anderen livländischen Städten stattgefunden. Denn mit der keimenden reformatorischen Bewegung in Livland war auch, wie leicht begreiflich ist, der Widerstand der dortigen katholischen Geistlichkeit gegen die Neuerungen aufs Heftigste erwacht. Bereits im Jahre 1523 hatte der damalige Erzbischof von Riga, Kaspar Linde, drei Mönche an den Kaiser Karl V abgeschickt, um von diesem eine Achtserklärung gegen die aufrüherische Stadt auszuwirken; als jene Gesandten von Deutschland heimkehrten, wurden zwei derselben bei ihrer Landung in Dünamünde sofort von den Rigaern gefangen gesetzt; der Dritte entging der Haft nur durch rasche Flucht. Ueberhaupt hatten die Zustände in Riga allmählig eine solche Gestalt angenommen, daß die katholische Geistlichkeit es für gerathen hielt, die Stadt auf einige Zeit zu verlassen; am Charfreitag 1523 erfolgte der Auszug derselben in feierlicher Prozession.

Erst mit dem Tode Lindes, dessen mildem Charakter jedes kräftige Einschreiten widerstrebte, hoben sich die Hoffnungen der katholischen Partei auf eine baldige Wiederherstellung der

Ordnung. An seine Stelle trat als Erzbischof im Jahre 1524 Johannes Blankenfeld, dessen Strenge und Umsicht bereits Allen bekannt geworden war durch seine Amtsverwaltung als Coadjutor Lindes und als Bischof von Dorpat und Reval.

Blankenfeld stammte aus Berlin, wo sein Vater Bürgermeister war.[247] Er hatte früher als Professor des Rechtes an der Universität zu Frankfurt an der Oder gelehrt, war dann zum geistlichen Stande übergetreten und war Kaplan des Hochmeisters geworden. Im Jahre 1515 ward er zum Bischof von Reval erhoben und drei Jahre später ihm daneben das Bisthum Dorpat übertragen. In allen diesen Verhältnissen hatte er große Gewandheit bewiesen und sich stets als warmer Vertheidiger der geistlichen Interessen bewährt. Er allein schien daher jetzt den drohenden Angriffen der lutherischen Partei gewachsen zu sein und bald legte er auch entscheidende Beweise seines Widerwillens gegen die Evangelischen an den Tag. Die Prediger und Lehrer, welche für Luthers Wort in Kokenhusen aufgetreten waren, wurden gezwungen das Gebiet des Erzstiftes zu verlassen. Ebenso verfuhr Blankenfeld in Lemsal.

Minder glücklich erging es ihm freilich in Riga. Hier hatte die neue Lehre unter Knophs und Tegetmeiers Leitung bereits eine allgemeine Ausbreitung gefunden. Durch wiederholte Sendschreiben Luthers an die dortigen Reformatoren waren diese in ihrem Eifer immer mehr bestärkt worden, und mit der Bewunderung für ihre Ansichten hatte zugleich die Abneigung gegen das katholische Wesen in den weitesten

Kreisen der Bevölkerung Raum gewonnen. Umsonst versuchte daher Blankenfeld durch Verleihung von Vorrechten aller Art die Rigaer zur Huldigung zu bewegen. Die Stadt wollte von einer Anerkennung des Erzbischofs nichts wissen, bevor ihr nicht völlige Religionsfreiheit zugesichert wäre.

Während Blankenfeld noch mit Riga in Unterhandlungen stand, sagte sich auch die Stadt Reval von seiner Herrschaft los. Auf Oesel und in der Wiek war es sogar der dortige Bischof Johannes Kiewel selbst, welcher der Bewegung aufs Augenscheinlichste Vorschub leistete. In Dorpat endlich hatte die Gährung den gefährlichsten Charakter angenommen, wenngleich Hoffmann bald nach dem durch ihn verursachten Aufruhre auf Befehl des dortigen Rathes aus der Stadt gewiesen war. Die einzige Stütze fand Blankenfeld noch an der gesammten Stiftsritterschaft und besonders an dem Landadel der Provinzen Wirrien und Harrien, welcher von der dortigen leicht erregbaren bäuerlichen Bevölkerung alle neuen Freiheits-Ideen möglichst fern zu halten suchte, um seine Herrschaftsrechte und anderen Privilegien zu schützen.

So hatten sich die kirchlichen Verhältnisse in Livland um das Jahr 1525 gestaltet, als im benachbarten Preußen der Markgraf Albrecht der deutschen Hochmeisterwürde entsagte und zugleich in seinem neugestifteten Herzogthum der Reformation überall Eingang verschaffte.

Die Nachricht von diesen Ereignissen mochte in Livland Niemanden tiefer berühren als den Herrmeister des Ordens Wolter von Plettenberg. Das letzte Band, welches die livländische Ritterkolonie während fast dreier Jahrhunderte mit

Preußen und mit Deutschland vereinigt hatte, wurde hierdurch zerrissen; der Orden in Livland war nunmehr sich selbst überlassen. Denn wenngleich Plettenberg keinen Anstand nahm, den bald darauf in Deutschland neugewählten Hochmeister Wolter von Kronberg als seinen Herrn und Gebieter anzuerkennen, so war doch schon die räumliche Entfernung des neuen Hauptsitzes Mergentheim zu bedeutend, als daß die Beziehungen zum deutschen Reiche noch länger hätten fortbestehen können.

Hierzu kam noch die eigenthümliche Stellung, zu welcher Plettenberg in Folge der kirchlichen Bewegung gedrängt worden war. Es fehlt weder an schriftlichen noch an thatsächlichen Beweisen, welche hinlänglich darthun, daß Plettenberg inmitten der allgemeinen Gährung keinen Augenblick den Grundsätzen der katholischen Kirche ungetreu geworden ist. Das Beispiel des Markgrafen hatte ihn nicht vermocht, sein altes Glaubensbekenntniß zu verleugnen. Noch im Jahre 1526 erklärte Plettenberg den Gesandten des Polenkönigs, „daß er sich in dieser lutherischen Empörung sammt seinem Orden der päpstlichen Heiligkeit und der kaiserlichen Majestät gehorsam erzeigen wolle.“[248] Das aber hinderte ihn nicht, die tiefen Schäden seiner Kirche anzuerkennen und in richtiger Schätzung der Zeitverhältnisse den Forderungen des Landes so weit als billig nachzugeben. Auf solche Weise erhielt sich Plettenberg das Vertrauen seiner Livländer und sah seinen Einfluß in eben dem Maaße steigen, wie sich das Ansehen der starren erzbischöflichen Partei seit dem Aufkommen der neuen Lehre verminderte. Schon war Plettenberg durch wiederholte Botschaften der Rigaer, welche sich zur Huldigung des Erzbischofs Blankenfeld nicht verstehen wollten, aufgefordert worden, ihre Stadt unter seine Schutzherrschaft zu nehmen. Schon hatte auch Reval sich unter seine ausschließliche Botmäßigkeit begeben. Sein Wort fand noch überall Gehör, wo die altgläubige Geistlichkeit bereits längst ihre Macht verloren hatte. Als der Herrmeister zu Anfang des Jahres 1524 von unruhigen Auftritten Kunde erhielt, welche in Reval stattgefunden, schrieb er dem dortigen Rathe, daß man den Predigern in der Stadt verbieten solle, gegen die katholische Religion zu eifern und als darauf diese Verfügung den städtischen Gilden und Ständen mitgetheilt wurde, gaben beide zur Antwort, „sie bedauerten, daß sie beim Herrmeister angeschwärzt seien, indeß wären sie bereit, ihrer Pflicht gemäß dem Befehle des Meisters Folge zu leisten."[249] In Plettenberg fanden Alle, vielleicht mit Ausnahme der äußersten Parteien einen Vereinigungspunkt ihrer Interessen, die Ordensbrüder wie die Stiftsritterschaften, die Lutherischen wie die Katholischen, und auf den bejahrten Herrmeister blickte jetzt noch das ganze Land mit derselben Zuversicht, mit der es sich vor fünf und zwanzig Jahren unter seine siegreichen Banner gestellt hatte.

Die Uebereinstimmung, welche in dieser Hinsicht unter den Livländern herrschte, trat aufs Glänzendste im Jahre 1526 ans Licht.[250] Damals hatte Plettenberg so eben die alleinige Schutzherrschaft in Riga übernommen und hatte dabei der Stadt die freie Ausübung des evangelischen Gottesdienstes zugestanden. In den Fasten des genannten Jahres traten nun die Abgeordneten der Rigaschen, Dorpatschen, Oeselschen, Harrischen und Wirrländischen Ritterschaften mit den Rathssendeboten der Städte Riga, Dorpat und Reval in Rujen zu einer Tagesahrt zusammen, auf welcher von verschiedenen Seiten der Antrag gestellt ward, den Herrmeister Wolter von Plettenberg „zum alleinigen Herrn des ganzen Landes zu Livland" zu erheben.

Die Stadt Dorpat brachte freilich gegen diesen Plan einige Bedenken vor. Nachdem derselbe jedoch auf dem bald darauf folgenden Landtage zu Wolmar nochmals in Berathung genommen war, wurde endlich Plettenberg als Schirmherr für ganz Livland eingesetzt.

Es lag in diesem Schritte, welchem auch der Erzbischof und die Bischöfe beipflichten mußten, eine Art siegreicher Lösung aller der Kämpfe, welche der Orden Jahrhunderte hindurch mit der Geistlichkeit um den Besitz der Oberherrschaft in Livland geführt hatte. Die Demüthigung aber, welche Blankenfeld dadurch erlitt, vermochte sein stolzer Sinn nicht lange zu ertragen. Er verließ Livland, um sich zum Papst und zum Kaiser zu begeben, und von diesen Hülfe gegen den Orden zu erhalten. Zunächst wandte er sich nach Rom, wo jedoch alle seine Bemühungen erfolglos blieben. Noch hoffte er auf den Beistand Karls V. Er beschloß den Kaiser in Madrid selbst aufzusuchen. Aber bereits waren seine Tage gezählt. Auf dem Wege nach der Hauptstadt, etwa vier Meilen von Palencia entfernt, wurde Blankenfeld von einer heftigen Krankheit befallen, an deren Folgen er starb. Sein Todestag wird auf den 9. September 1527 gesetzt.[251]

Plettenberg überlebte ihn noch acht Jahre, unablässig bemüht, auf gütlichem Wege die Wirren zu beseitigen, welche besonders unter Blankenfelds Nachfolger, Thomas Schöning, von Neuem zum Ausbruch kamen. Die Nachgiebigkeit des Herrmeisters ging so weit, daß er im Jahre 1530 auf den Antrag der erzbischöflichen und ständischen Abgeordneten selbst zur Wiederaufhebung des Wolmarschen Vertrages vom Jahre 1526 die Hand bot und damit auf die ihm zugestandene Oberherrschaft in Livland Verzicht leistete.[252]

Als letztes Denkmal seiner Regierungsthätigkeit steht der Vertrag von Wenden vom Jahre 1533 da, welchen Plettenberg mit unterzeichnete und welcher gleich im Eingange feststellte, daß fortan „das heilige göttliche Wort laut den biblischen Schriften des alten und neuen Testamentes frei und ungehindert verkündigt und Niemand in seinem Glauben beeinträchtigt werden sollte." Auf der darüber ausgefertigten Urkunde finden wir bereits neben Plettenbergs Namen den des Landmarschalls Herman von Brüggenei, welchen der Herrmeister sich in jenem Jahre als Coadjutor zur Seite nahm.[253] Zwei Jahre später am Sonntage Oculi den 28. Februar 1535 starb Plettenberg, nachdem er während ein und vierzig der wechselvollsten Jahre die Geschicke des Ordens und Livlands geleitet hatte. Wie einst der große Bischof Albert von Burhövden zum deutschen Reichsfürsten erhoben war, so hatte auch Wolter von Plettenberg diese Würde vom Kaiser erhalten. In der Domkirche zu Wenden wurden seine Gebeine beigesetzt.[254]

VII.

Die Ruhe, welche Livland unter Plettenbergs Regierung nach Außen genossen hatte, schien auch nach dem Tode des gewaltigen Herrmeisters noch für die nächste Zeit gesichert zu sein. Diejenige fremde Macht, von der die baltische Colonie zunächst einen Angriff hätte erleiden können, war die russische und gerade diese war Seitens der Livländer durch immer erneuerte Verträge zur Aufrechterhaltung des Friedens bewogen worden. Im Jahre 1509 hatte der russisch-livländische Waffenstillstand vom Jahre 1503 eine weitere Ausdehnung auf vierzehn Jahre erhalten;[255] im Jahre 1531 war ein abermaliger Friedensabschluß auf zwanzig Jahre erfolgt.[256] Und wirklich hören wir bis zum Jahre 1551 nirgends von Feindseligkeiten, die zwischen Rußland und den Livländern stattgefunden hätten. Die beiden angesehensten Vorposten der moskowitischen Macht, Novgorod und Pskow, welche in früheren Jahrhunderten so oft die Ruhe Livlands gefährdet hatten, waren von ihrer Höhe als selbstständige Staaten herabgestürzt und fügten sich dem Gebote des Großfürsten. In Folge der Unruhen, welche durch die Bilderstürmer in Riga, Reval und Dorpat angefacht waren und welche auch zur theilweisen Zerstörung der dortigen russisch-griechischen Gotteshäuser geführt hatten, schien sich freilich einen Augenblick das freundnachbarliche Verhältniß mit dem Czaren lösen zu wollen. Bei der Nachricht von diesen Vorfällen soll Wassily ausgerufen haben: „Wenn der Papst und Kaiser es auch zulassen, daß ihre Geistlichen so schlecht behandelt werden, so wollen wir es doch nicht an unserer Religion dulden, sondern diesen Bilderstürmern den Krieg ankündigen, sobald die Friedensjahre abgelaufen sein werden.“[257] Es unterliegt selbst keinem Zweifel, daß der damalige Rigische Erzbischof Blankenfeld sich im Geheimen mit dem erzürnten Czaren gegen den Orden und die Stadt Riga verbündete.[258] Jedoch blieb es bei den Drohungen des Großfürsten, Blankenfelds Absichten wurden noch zur rechten Zeit entdeckt und als nach Plettenbergs Tode Herman von Brüggenei das Herrmeisteramt erhielt, übernahm derselbe zugleich mit dem neugewählten Erzbischof von Riga, Thomas Schöning, die Verpflichtung, für den Schutz der russisch-griechischen Kirchen in den livländischen Städten Sorge zu tragen.[259]

In Rußland führte um jene Zeit die verwittwete Großfürstin Helene die Regentschaft für ihren noch minderjährigen Sohn Iwan IV, der bei der Nachwelt unter dem Namen „Iwans des Schrecklichen“ bekannt geworden ist.

Iwan war im Jahre 1530 geboren, mithin beim Tode seines Vaters Wassily drei Jahre alt. Die Großfürstin Helene überlebte ihren Gemal nur fünf Jahre. Nachdem sie im Jahre 1538 gestorben war, übernahmen anfangs die

Schuiskys, später die Glinskys die Reichsverwaltung und die Erziehung des elternlosen Prinzen, der von der Natur mit den glänzendsten Gaben ausgestattet war, aber unter der Führung jener selbstsüchtigen Großen die leichtfertigsten Grundsätze in sich aufnahm. Die Willkür und Härte, welche in seinem späteren Leben auf eine so furchtbare Weise an den Tag getreten sind, mußten sich schon früh in dem Knaben entwickeln, der lange Jahre hindurch nur die traurigen Beispiele von Herrschsucht und Eigennutz vor Augen hatte.[260]

Als Iwan siebenzehn Jahre alt war, übernahm er selbst die Führung der Staatsgeschäfte. Am 16. Januar 1547 ließ er sich in Moskau krönen.

Ueber die Persönlichkeit und die Regierung dieses Fürsten fehlt es uns weder an einheimischen noch an fremden Nachrichten. Unter den letzteren sind von besonderer Bedeutung die Berichte der Italiener, welche damals theils von der Republik Venedig, theils von der römischen Kurie nach Rußland gesandt wurden, um die politischen, commerciellen und religiösen Verhältnisse dieses für die Abendwelt immer wichtiger werdenden Reiches zu erforschen. Was Staatsmänner wie Foscarini, Tiepolo, Guagnino, Ruggiero um die Mitte des sechszehnten Jahrhunderts über das moskowitische Reich aufgezeichnet haben, gehört zu den zuverlässigsten Quellen, welche uns Aufklärung über jenes merkwürdige Land verschaffen.[261]

Aus der militärischen Organisation eines Staates lassen sich gewöhnlich richtige Rückschlüsse auf die übrigen Zustände desselben ziehen, wie denn auch das Heer meistens das treuste

Abbild des Volkes gewährt. Das erkannten schon diese umsichtigen Italiener in vollem Maße, daher wir ihnen vor Allem wichtige Aufschlüsse über das damalige Kriegswesen Rußlands verdanken.

Noch zu Anfang des sechszehnten Jahrhunderts, als Herberstein nach Moskau kam, standen die Russen, wie bereits oben angedeutet worden, in der Ausbildung ihrer Heeresmacht weit hinter den Abendländern zurück. Der gänzliche Mangel an Infanterie und Geschütz brachte es mit sich, daß die Belagerung einer Stadt selten zu dem gewünschten Erfolge führte, es sei denn, daß dieselbe ausgehungert und so zur Uebergabe gezwungen wurde.[262] Von der Befestigung eines Lagers hatten die Russen damals noch keinen Begriff.[263] Was endlich die Art ihrer Bewaffnung anbetrifft, so hatte dieselbe sich freilich den Mongolen gegenüber als tauglich bewährt, im Kampfe mit den Deutschen und Polen aber traten ihre Mängel in grellster Weise hervor.

Diesen Uebelständen hatte bereits der Großfürst Wassily. nach Kräften abzuhelfen gesucht. Durch Deutsche und Polen, welche in seine Dienste getreten waren, hatte er Geschütze anfertigen, und eine Abtheilung von funfzehnhundert Litthauern im Fußdienste einüben lassen.[264]

In ungleich größerem Maßstabe wurde aber die Veränderung des Heerwesens betrieben, als Wassilys Sohn zur Regierung gekommen war. Iwan, der seit seiner Thronbesteigung auf alle Art die Mängel seiner Erziehung auszugleichen gesucht, hatte sich zum Beispiel durch fleißiges Lesen der römischen und anderer Schriftsteller ein gewisses Ver-

10

ständniß für die Fortschritte der Westeuropäer im Kriegswesen und zugleich militairisch-strategische Kenntnisse verschafft, wie sie keiner seiner Vorgänger besessen hatte.[265] Auf diese Art wurde es ihm möglich, eine umfassende Reform des russischen Heeres anzubahnen. Neben Deutschen und Polen standen ihm hierbei besonders Italiener zur Seite, welchen er die Bildung neuer Truppentheile und die Sorge für deren zeitgemäße Bewaffnung übertrug. So wurde ein Corps von 3000 Reitern nach Art der französischen Gensdarmen ausgerüstet, ein anderes Reitercorps von 10,000 Mann mit leichterer Bewaffnung, ein drittes Corps von 20,000 Mann, welche kleine Flinten führten. Von den Infanterie-Abtheilungen wird besonders ein Corps namhaft gemacht, welches aus 30,000 Mann bestand, die nach dem Vorbilde der Schweizer Arquebusiere mit Büchsen bewaffnet waren und unter denen wahrscheinlich die nachmals so berühmten Strelitzen zu verstehen sind, da diese gerade zur Zeit der Regierung Iwans zuerst genannt werden.[266] Ganz besondere Sorgfalt verwandte der Czar auf die Artillerie. Ein Corps von Bombardieren wurde errichtet, eine Menge Geschütze von italienischen Meistern gegossen.[267] Als der Engländer Fletcher, der Gesandte der Königin Elisabeth nach Moskau kam, staunte er über die große Anzahl von Geschützen aller Art, welche im dortigen Zeughause aufgestellt und sämmtlich aus dem schönsten Metall gegossen waren.[268]

So gerüstet stand Rußland um die Mitte des sechszehnten Jahrhunderts da. Die Herrschaft des gewaltigen Reiches ruhte in den Händen eines jugendlichen Fürsten, der von

Thatendrang und Kriegslust beseelt war und dem die Zuneigung seines Volkes die sichersten Mittel darbot, um weitgehende Eroberungspläne durchzuführen.

Zunächst waren diese auf den Osten gerichtet, wo die beiden Khane von Kasan und Astrachan noch immer fast das ganze Wolgaland inne hatten. Von dieser Seite her mußten die Grenzen des Reiches sicher gestellt und zu dem Ende die beiden Khanate unterworfen werden: im Jahre 1552 fiel Kasan, zwei Jahre später Astrachan. Den Zug gegen Kasan hatte Iwan selbst geleitet und dabei Gelegenheit gehabt, die Kraft seines neugeschaffenen Heeres aufs Glänzendste zu erproben. Sicheren Schrittes konnte er jetzt an die Ausführung weiterer Pläne gehen: die Unterjochung Livlands und die Herrschaft auf der Ostsee waren nunmehr die Hauptziele, welche der Großfürst zu erreichen trachtete.

Mit dem Jahre 1551 war der zwanzigjährige livländisch-russische Waffenstillstand abgelaufen und nicht ohne Besorgniß mochte der Orden die großen Veränderungen wahrgenommen haben, welche während dieser Zeit in dem benachbarten Rußland eingetreten waren. Schon im Jahre 1553 schickten daher die Livländer eine Gesandtschaft nach Moskau, um den Großfürsten zur Verlängerung der Waffenruhe zu bewegen.[260] Iwan wollte sich jedoch auf keine Unterhandlungen mit den Gesandten einlassen; er war aus verschiedenen Gründen gegen die Livländer aufgebracht, besonders einer Beleidigung wegen, welche nicht ohne ihre Schuld vor etwa vier Jahren seinem Gesandten Hans Schlitte in Lübeck angethan war.

Dieser Schlitte, aus Goslar gebürtig, hatte sich längere

Zeit in Moskau aufgehalten und sich hier die Zuneigung und das Vertrauen des Czaren erworben. Um das Jahr 1549 wurde Schlitte von Iwan mit dem Auftrage nach Deutschland geschickt, für den Dienst des Großfürsten eine Anzahl tüchtiger Aerzte, Apotheker, Buchdrucker, Baumeister, Goldschmiede, Zimmerleute, Steinmetze und andere Handwerker anzuwerben. Er begab sich demgemäß zum Kaiser Karl V, der ihm auch die Erlaubniß zur Ausführung seines Auftrages nicht versagte, und bald hatte er bei seinen Werbungen den besten Erfolg. Als er eine Gesellschaft von ungefähr 120 Personen zusammengebracht, begab er sich mit diesen nach Lübeck, um sich nach Livland einzuschiffen. Hier aber stieß er plötzlich auf unerwartete Hindernisse. Die Livländer nämlich, welche inzwischen von dem Zwecke der Sendung Schlittes Kunde bekommen, hatten die Besorgniß laut werden lassen, daß der Großfürst zu viele deutsche Kräfte in sein Land ziehe und daß gerade durch diese Fremden seine Macht in den letzten Jahren so sehr gehoben worden sei. In Folge dessen hatte sich der Orden an den Kaiser gewandt und hatte es wirklich bei diesem, trotz der dem Schlitte gegebenen Erlaubniß durchgesetzt, daß die ganze Reisegesellschaft bei ihrer Ankunft in Lübeck auf Befehl des Kaisers angehalten, ihnen ihre Pässe abgenommen und Schlitte selbst ins Gefängniß geführt wurde.[269]

Dieser Vorfall mußte den Czaren aufs Höchste erbittern. Unter Androhung eines Krieges verlangte er sofort von den Livländern, daß sie den fremden Kolonisten freien Durchzug nach Rußland gestatteten.[270] Wenn sein Drohen damals noch nicht zur That wurde, so lag der Grund hiervon in der Nothwendigkeit, welche den Großfürsten zwang, vor Allem erst den Kasanischen Krieg zu beendigen und sich im Osten Ruhe zu schaffen. Mochte es daher auch den Livländern, nach dem ersten fehlgeschlagenen Versuche, noch im Jahre 1554 gelingen, Iwan zur Verlängerung der Waffenruhe zu bewegen, für welche selbst Karl V sich von Brüssel aus beim Czaren verwandt hatte,[271] so war dieser doch von dem Plane einer Eroberung Livlands zu sehr erfüllt, als daß dem endlichen Ausbruche der Feindseligkeiten durch solche Unterhandlungen hätte vorgebeugt werden können.

Das verhehlte sich auch der Orden keineswegs. Schon im Jahre 1551 hatte Philipp von der Brüggen, der Gesandte des Herrmeisters sich beim Kaiser und bei den deutschen Reichsständen um Hülfe beworben und hatte bei der Gelegenheit erklärt, „daß der Moskowiter für und für mit ganzem Ernst und Fleiß danach getrachtet, wie er Livland der Christenheit und dem heiligen Reiche teutscher Nation abziehen könne, in der Hoffnung, daß wenn er erst Livland erobert und dadurch der Ostsee mächtig geworden, er auch die anderen angrenzenden Länder, als Litthauen, Polen, Preußen und Schweden desto schleuniger unter seinen Gehorsam bringen werde."[272]

Aber trotz dieser Klagen leistete das deutsche Reich doch keine Hülfe und, was das Schlimmste war, die Livländer selbst verzweifelten an ihrer Widerstandsfähigkeit. Denn während der langdauernden Ruhe, welche das Land in Folge der Siege Plettenbergs genossen hatte, war in dem Orden allmählig jeder kriegerische Sinn erstorben und seine Kraft gelähmt. Wo man sonst nur Waffenklang und Schlachtenlärm vernommen, hatten jetzt sich Prunkliebe und Genußsucht eingenistet, die unvermeidlich zur Erschlaffung und Entnervung der einst so ritterlichen Ordenskämpfer führten. Auf den Burgen wie in den Städten war in Folge der „guten faulen Tage"[273] der verderblichste Luxus eingekehrt und trauernd berichtet der Chronist Rüssow, daß die Hantierung und Arbeit der Ordensherren, Domherren und des Adels fast nur in Hetzen, Würfeln, Spielen, Reiten und Fahren bestände.[274] Dazu kam, daß um dieselbe Zeit, wo die Gefahr von Osten immer drohender gegen Livland aufzog, sich hier die alten Streitigkeiten zwischen Erzbischof und Orden mit neuer Macht erhoben und so die letzten Kräfte des Landes zersplitterten.

Der damalige Erzbischof von Riga, Markgraf Wilhelm von Brandenburg, ein Bruder des Herzogs Albrecht von Preußen, hatte wegen seines vorgerückten Alters sich im Jahre 1553 den Herzog Christof von Mecklenburg als Coadjutor zur Seite genommen. Diese Wahl war gegen den Wunsch der Livländer geschehen; sie war sogar rechtswidrig, indem ein Landtagsreceß vom Jahre 1546 vorlag, wonach kein ausländischer Fürst zum erzbischöflichen Stuhle in Livland sollte zugelassen werden.[275] Der Orden hielt es daher für seine Pflicht gegen jene Wahl einzuschreiten. Indeß der Erzbischof, welcher nicht nur seinen Bruder sondern auch seinen Vetter den König Siegismund August von Polen für seine Sache gewonnen hatte, achtete wenig auf den Widerstand des Ordens: im Sommer des Jahres 1555 langte der Herzog

Christof ungefährdet in Kokenhusen an und noch im selben Jahre hielt er seinen Einzug in Riga.[276]

Unter diesen Umständen blieb freilich dem tiefverletzten Orden nichts anderes übrig, als zu Gewaltmaßregeln zu greifen. Er hatte die Stadt Riga so wie die Bischöfe von Dorpat, Oesel und Curland für sich; schon am 16. Juni 1556 sandten diese Verbündeten dem Erzbischof ihren Fehdebrief,[277] und wenige Tage darauf nahmen die Feindseligkeiten ihren Anfang. Mit leichter Mühe wurden nun Cremon und Ronneburg erobert; auch Kokenhusen, wo der Erzbischof sich mit seinem Coadjutor aufhielt, öffnete nach kurzer Belagerung die Thore; der Erzbischof wurde gefangen genommen und nach Schmilten geführt.[278]

Die Eile, mit welcher Alles dieses ins Werk gesetzt war, hatte wohl ihren Hauptgrund in der Besorgniß des Ordens vor einem Einfalle der Polen in Livland. Denn das Verhältniß, in welchem der Erzbischof zum Könige Siegismund August stand,[279] war Keinem ein Geheimniß geblieben, und nur zu bald mußte der Orden sich davon überzeugen, daß seine Befürchtungen ihn nicht getäuscht hatten.

Auf die Nachricht von der Verhaftung des Erzbischofs zog der König sofort beträchtliche Streitkräfte zusammen und ließ diese gegen die livländische Grenze rücken. Ein Angriff schien vorerst noch nicht beabsichtigt zu sein, obgleich ein solcher bei der Uebermacht der Polen für diese nur siegreich hätte ausfallen können. Der König wollte nicht als Feind in Livland einziehen; er wollte nur Furcht verbreiten, um dann durch gütliche Unterhandlungen sich desto sicherer den Weg zur künftigen Herrschaft zu bahnen. Diesen Zweck erreichte Siegismund vollkommen. Nachdem die Polen und Livländer fast ein ganzes Jahr hindurch unthätig einander gegenübergestanden hatten, und bereits von Deutschland her die ernsthaftesten Mahnungen zum Frieden erlassen waren,[280] bot endlich der bedrängte Orden die Hand zu einem Vertrage, der auch im September 1557 zu Poswol an der litthauischen Grenze abgeschlossen wurde. Auf Grund desselben mußte der Orden den Polen 60,000 Thlr. Kriegskosten erstatten und den Erzbischof so wie den Coadjutor in alle ihre Rechte wieder einsetzen. Mehr verlangte der König kluger Weise für den Augenblick nicht; er ging vielmehr noch ein Schutz- und Trutzbündniß mit Livland ein, um auf diese Art die ganze Provinz noch fester an sich zu ziehen und sich für alle Fälle die Möglichkeit einer neuen Intervention offen zu halten.[281]

So war jetzt Livland zum Spielball der beiden slavischen Großmächte herabgesunken. Nach seinem Besitze streckten Rußland und Polen zugleich ihre gewaltigen Arme aus. Während der Czar sich durch die Macht des Schwertes zum Herrn des Landes zu machen gedachte, wußte der Polenkönig seine Eroberungsgelüste noch hinter der Maske des uneigennützigen Bundesgenossen zu verbergen. Bald erwachte auch in Schweden und Dänemark wieder die alte Sehnsucht nach der deutschen Ostseekolonie; ganz Nord- und Osteuropa glaubte plötzlich sich berufen, die Herrschaft über Livland anzutreten; nur Deutschland, das zumeist berechtigte, wandte den fernen Brüdern kalt und theilnahmlos den Rücken.

Aus dem Gewirre aller dieser trüben Verhältnisse, welche mehr und mehr zu einer gewaltsamen Krisis hindrängten, tritt uns jetzt noch einmal in Livland ein Mann entgegen, welcher mit ungebeugtem Muthe und festem Blicke sich an das Steuer zu stellen wagte, um aus dem drohenden Schiffbruche so viel als möglich zu retten. Es ist Gotthard Kettler, ein Landsmann des großen Plettenberg, wie dieser der Sprößling eines alten westfälischen Geschlechtes.[282]

Er war um das Jahr 1517 zu Anslo im Herzogthum Berg geboren, hatte sich anfangs dem geistlichen Stande gewidmet, war aber bereits in seinem zwanzigsten Jahre nach Livland gezogen, um dort in den deutschen Orden zu treten. Im Jahre 1554 finden wir ihn als Comthur von Dünaburg genannt; zwei Jahre später ging er im Auftrage des Ordens nach Deutschland, um hier zu dem bevorstehenden Kriege gegen den Erzbischof von Riga Söldner anzuwerben.

Die Hauptthätigkeit Kettlers beginnt im Jahre 1558, wo er die wichtige Comthurei Fellin erhielt und bald darauf wegen seiner kriegerischen Tüchtigkeit zum Coadjutor des damaligen Herrmeisters Wilhelm von Fürstenberg erhoben wurde.[283]

Im Januar jenes Jahres hatte endlich Iwan den Kampf begonnen, um fortan mit Recht den Titel: „Herr von Livland" führen zu können, welchen er sich bereits seit dem Jahre 1554 beigelegt.[284]

Als Grund des Krieges ward Folgendes angegeben:

Schon im ersten Frieden mit Livland im Jahre 1503 hatte der damalige Großfürst sich ausbedungen, daß der fast in Vergessenheit gerathene sogenannte Glaubenszins, welchen vor Alters die Dorpatschen Bauern an Novgorod und Pskow entrichtet hatten und welcher hauptsächlich in Lieferungen von Wachs und Honig bestanden, wieder eingeführt werden solle. Dieser Tribut stammte wahrscheinlich aus einer Zeit, die vor der Ankunft der Deutschen in Livland liegt, nämlich aus dem eilften Jahrhunderte, wo Jaroslaw zuerst Ansprüche auf den Besitz jenes Ostseelandes geltend gemacht hatte. Bei Gelegenheit des Friedensabschlusses zwischen Rußland und Livland im Jahre 1554 war die eben erwähnte Bedingung abermals aufgestellt worden und der Bischof von Dorpat hatte sich auch jetzt verpflichten müssen, für jeden Kopf in seinem Lande eine Mark zu erlegen.[295] Indeß suchte man bald diesen Vertrag zu umgehen. Die versprochenen Gelder wurden nicht ausbezahlt, und da sogar eine Gesandtschaft des Czaren die Dorpater zur Erfüllung ihrer Zusage nicht zu bewegen vermochte, so ließ Iwan endlich sein schon längst an der Grenze bereit gehaltenes Heer in das Dorpatsche Gebiet einrücken.

Den Oberbefehl über diese Truppen führte Schig-Aley, der ehemalige Khan von Kasan; das Heer selbst war aus den verschiedenartigsten Kriegsvölkern zusammengesetzt: neben den Russen sah man die fremden Gestalten der Tataren, Tscheremissen, Mordwinen und Tscherkessen.[286]

Nach den ersten Feindseligkeiten trat nochmals eine kurze Zwischenzeit der Ruhe ein, weil die Livländer neue Unterhandlungen mit dem Großfürsten angeknüpft hatten. Als sich aber auch diese zerschlugen, wurde im Monat Mai der Krieg mit voller Kraft begonnen. Schon im Juli waren die Russen im Besitze von Narwa, Wesenberg, Neuhausen und Dorpat.

Jahrs darauf unternahmen sie einen Zug nach Curland, plünderten und verwüsteten das Land und kehrten dann wieder zurück.

Inzwischen hatte Kettler, der bereits im Juli 1558 auf den einstimmigen Wunsch des Landes als Coadjutor des Herrmeisters an die Spitze des Ordens getreten war, so gu wie möglich die erforderlichen Anstalten getroffen, um wenigstens einen Theil der noch nicht von den Russen eroberten Burgen und Städte sicher zu stellen. Es war ihm im Herbste 1558 sogar gelungen, einen kleinen Vortheil über den Feind davon zu tragen, indem er denselben aus dem Schlosse Ringen vertrieb. Jedoch erkannte Kettler nur zu gut die Schwäche des Ordens, als daß er daran hätte denken können, dem Großfürsten allein Widerstand zu leisten. Er mußte sich daher nach fremder Hülfe umsehen. Schweden und Dänemark erschienen ihm zunächst als die geeignetsten Bundesgenossen.

In der Politik der nordischen Seemächte war eben damals ein wichtiger Wendepunkt eingetreten, welchen wir hier ins Auge fassen müssen. Die Engländer, die so lange von der Fahrt auf der Ostsee ausgeschlossen gewesen, hatten plötzlich durch das Eismeer einen Weg zur Mündung der Dwina aufgefunden, auf welchem es ihnen möglich wurde, ihre Produkte nach Rußland zu verschiffen. Der Entdecker dieses Seeweges war Richard Chancellor, welcher zugleich mit Sir Hugh Willoughby im Jahre 1553 von einer Gesellschaft Londoner Kaufleute den Auftrag erhalten hatte, eine Durchfahrt durch das nördliche Eismeer nach China aufzusuchen.[257]

Drei prächtige Schiffe, die „Bona Esperanza“, die „Bona Confidentia“ und „Edward Bonaventura“ waren ihrer Leitung übergeben worden. Am 10. Mai gingen sie in See. Bis Anfang August blieben die Schiffe zusammen. In der Gegend des Nordcaps wurde aber der „Edward Bonaventura“, auf welchem Chancellor befehligte, wahrscheinlich durch Stürme und Eismassen von den beiden anderen Fahrzeugen getrennt, um diese nie wiederzusehen. Sir Hugh gelangte mit seinen Schiffen bis zum Hafen Artschina im russischen Lappland, vermochte jedoch wegen Mangels an Lebensmitteln und wegen der furchtbaren Kälte die Fahrt nicht weiter fortzusetzen. Er sowohl wie seine ganze Schiffsmannschaft fanden hier ihren Tod. Seine Leiche ward später von Fischern aufgefunden; neben derselben lag sein Tagebuch, das mit den verzweiflungsvollen Worten schließt: „. . . . . ohne Menschen oder irgend Etwas zu finden, was einer Wohnung ähnlich sieht.“[258]

Glücklicher war Chancellor. Im Monate August schon langte er bei der Mündung der Dwina an, dort wo heute Archangel liegt und wo damals ein Kloster des heiligen Nikolaus stand. Nach kurzem Aufenthalte ging er von hier nach Moskau an den Hof Iwans, der den Fremden aufs Zuvorkommendste empfing und ihn im März des folgenden Jahres mit einem Schreiben an König Eduard VI entließ, worin er den lebhaften Wunsch aussprach, daß ihre beiden Reiche fortan in nähere Verbindung treten möchten. Diese Hoffnung des Czaren ging bald in Erfüllung. Nach der Rückkehr Chancellors bildete sich sofort in London die „Moskowitische Compagnie,“ welche den glücklichen Entdecker Richard schon im Jahre 1555 wieder nach Rußland sandte, um einen förmlichen Handelsvertrag mit dem Großfürsten abzuschließen und binnen Kurzem nahmen die wechselseitigen Beziehungen zwischen Rußland und England den glänzendsten Aufschwung.[289]

Diese russisch-englische Verbindung brachte den ganzen baltischen Norden in die größte Aufregung. Die Kaufmannschaften am Sunde und in den Ostseeplätzen sahen ihren Handel aufs Aeußerste gefährdet. Was half es nun, daß man den englischen Schiffen Jahrhunderte lang den Sund gesperrt hatte, wenn jetzt vom höchsten Norden her die Londoner Handelsherren mit ihren Waaren bei den Russen Eingang fanden? Und was stand Alles zu befürchten, wenn Iwan nun auch Livland unterwarf, wenn er die dortigen Häfen seinen neuen Freunden öffnete und dann mit diesen die Herrschaft auf der Ostsee an sich riß?[290]

Einer solchen Machterweiterung Rußlands konnten vor Allem die skandinavischen Reiche nicht ruhig zusehen. Dänemark sowohl wie Schweden mußten derselben bei Zeiten mit Entschiedenheit entgegentreten. Die ersten Schritte hierzu geschahen von Schweden aus.

Trotz der freundschaftlichen Verhältnisse, in welchen Gustav Wasa fast während seiner ganzen Regierungszeit zu Rußland gestanden, sah sich der hochbetagte König noch am Ende seines Lebens veranlaßt, eine neue Politik gegen den östlichen Nachbaren einzuschlagen. Ihm mochte besonders sein Helsingfors am Herzen liegen, das er so eben erst im Jahre 1550 an der finnischen Küste gegründet hatte, um hier einen festen Mittelpunkt für den russisch-nordischen Handel zu schaffen, an dessen Aufkommen er aber verzweifeln mußte, wenn die Verbindung zwischen Rußland und England weitere Ausdehnung gewann.[291] Noch im Jahre 1555 unternahm er daher gegen den Großfürsten einen Krieg, der sich zwei Jahre hinzog, ohne für die Schweden zu einem günstigen Erfolge zu führen. Dann wandte er sich an die Königin von England, um diese zu bewegen, „daß sie die neue Schiffahrt längs Norwegen nach Rußland verbieten und lieber ihre Unterthanen Schwedens Land besuchen lassen möchte.“ Indeß Maria von England konnte hierauf nicht eingehen, sie mußte sich darauf beschränken, eine Verfügung zu treffen, wonach den Russen durch die Engländer kein Kriegsgeräth zugeführt werden sollte.[292]

Am dänischen Hofe fand das Beispiel Schwedens für den Augenblick keine thätige Nachahmung. Der König Christian III war durch die inneren Angelegenheiten seines Landes zu sehr beschäftigt, als daß er sich zu einer Theilnahme an dem schwedischen Kriege hätte entschließen können. Indeß folgte man auch hier mit gespannter Aufmerksamkeit dem Gange der nordischen Dinge, vor Allem der livischen Verhältnisse. Denn wenngleich bereits zweihundert Jahre verflossen waren, seitdem der Orden die Waldemarschen Eroberungen im nördlichen Estland an sich gebracht, so hatte doch das dänische Fürstenhaus diese ehemaligen überseeischen Besitzungen nie ganz aus dem Auge verloren[293] und konnte daher jetzt nicht ohne Besorgniß den Uebergriffen des mächtigen Großfürsten zusehen.

Unter diesen Umständen entschloß sich Kettler im Jahre

1558 die beiden skandinavischen Reiche um Hülfe gegen Rußland anzugehen. Seine Bemühungen blieben nicht ohne Erfolg. Gustav Wasa verstand sich dazu, den Großfürsten durch ein Schreiben zum Frieden aufzufordern; König Christian schickte sogar eine Gesandtschaft nach Moskau, welche dort am Palmsonntage 1559 eintraf und welcher es gelang, einen halbjährigen Waffenstillstand für die Livländer zu vermitteln.[294]

Diese Zeit der Ruhe benutzte Kettler, um jetzt endlich, wo das Ausland mit einem fast beschämenden Beispiele vorangegangen war, auch den Kaiser und das Reich an die Erfüllung ihrer Pflichten gegen Livland zu ermahnen. Schon seit dem Frühjahre 1559 war sein Comthur, Georg Sieburg, in diesem Sinne auf dem Reichstage zu Augsburg thätig gewesen.[295] Im Sommer desselben Jahres begab sich der unermüdliche Kettler nach Wien, um dort persönlich die Sache seines Landes zu betreiben[296] und wirklich fingen Kaiser und Reich jetzt wieder an, sich mit derselben eingehender zu beschäftigen. Am 19. Oktober richtete der Kaiser Ferdinand ein Schreiben an den russischen Großfürsten, worin er ihn zum Frieden zu bestimmen suchte.[297] Als dann im folgenden Herbste die Reichsstände in Speier zusammen waren, wurde die Angelegenheit ernstlich in Berathung genommen; man sprach von Kriegsvölkern, die nach Livland geschickt werden sollten, von einer Gesandtschaft an den Czaren und von Geldbeiträgen für den Orden.[298]

Aber während hier sich die Berathungen schwerfällig hinschleppten, hatte bereits für Livland die Stunde der Entscheidung geschlagen.

Am Neujahrstage 1559 war der König Christian III von Dänemark gestorben; Jahrs darauf am 29. September war auch Gustav Wasa heimgegangen. An Stelle der günstigen Stimmung, welche diese beiden Fürsten für Kettler an den Tag gelegt hatten, machten sich unter ihren Nachfolgern die feindlichsten Absichten gegen Livland und gegen den Orden geltend. Sowohl Friedrich II von Dänemark als auch Erich von Schweden erkannten in den livländischen Händeln nur eine erwünschte Gelegenheit, sich zu bereichern und jenseits der Ostsee Besitzthümer zu erlangen. Die Zerfahrenheit und Haltungslosigkeit der Livländer selbst gab ihnen hierzu die erforderlichen Mittel an die Hand. Schon am 26. September 1559 schloß der Bischof von Oesel mit Friedrich II einen Vertrag ab, wonach er dem Könige sein Bisthum für eine ansehnliche Geldsumme abstand. Dieser übergab das Stift seinem jüngeren Bruder, dem Herzog Magnus von Holstein, der bereits um Ostern 1560 in Arensburg landete und bald auch die Bisthümer Pilten und Reval an sich brachte.[299] Seinem Beispiele folgte ungesäumt Erich von Schweden. In Folge eines Hülfsgesuches, welches die Stadt Reval an ihn gerichtet hatte, um vor den Russen sicher zu sein, sandte der König im April 1561 ein Heer nach dem nördlichen Estland nebst einem Bevollmächtigten Clas Christerson Horn, dem sich binnen Kurzem der dortige Adel so wie die Stadt Reval, gegen Bestätigung ihrer Privilegien, unterwarfen. Seitdem schrieb sich Erich „Herr über die livländischen Landmarken.“[300] Inzwischen hatte auch Rußland den Kampf wieder aufgenommen und sich in dem Besitze von Narva, vom ganzen Dorpatschen Stifte, von Allentaken, von einem Theile Jerwens und Wirlands und von den wichtigsten Grenzschlössern befestigt.[301]

Vor solchen Thaten schlug Deutschland scheu die Augen nieder. Nachdem aber auf diese Weise die Zerstücklung Livlands begonnen hatte, glaubte jetzt auch Polen, daß der Augenblick gekommen sei, wo es den Rest des Landes großmüthig unter seine Obhut nehmen könne. Durch kluggeleitete Unterhandlungen mit dem Orden und dem Rigischen Erzbischof war König Siegismund August während der letzten Jahre Schritt für Schritt seinem längst ersehnten Ziele näher gerückt.

Nach dem Abschlusse des oben erwähnten Poswoler Vertrages vom Jahre 1557 hatte Livland sich zum ersten Male wieder im Jahre 1559 Polen genähert.[302] Kettler, zu dessen Gunsten eben damals Wilhelm von Fürstenberg dem Herrmeisteramte entsagt hatte, war im August in Wilna mit Siegismund August zusammengetroffen, um sich seines Beistandes gegen Rußland zu versichern. In einem Vertrage, der hier zu Ende des Monats unterzeichnet wurde, verstand sich der König zu den nöthigen Hülfsleistungen und erhielt dafür ansehnliche Besitzungen in Livland, welche er aber nach beendigtem Kriege dem Orden gegen Erstattung von 600,000 Gulden zurückzugeben versprach. Eine ähnliche Uebereinkunft war auch zwischen dem Rigischen Erzbischof und dem Könige getroffen worden.[303]

Durch diese Verträge hatte Livland sich noch nichts vergeben. Das Anrecht des deutschen Reiches auf die baltische

Kolonie war durch einen ausdrücklichen Vorbehalt Kettlers gesichert worden und wenn der Polenkönig, seiner Verpflichtung gemäß, dem Orden kräftige Unterstützung gewährte, oder wenn Deutschland sich zu Hülfsleistungen verstand, so mochte der Herrmeister noch immer hoffen, dem Orden und dem Reiche die Provinz erhalten zu können.

Aber die Schlaffheit Deutschlands und die kalte Berechnung des Königs von Polen versagten dem unglücklichen Lande jeden Beistand. Erst wenn die Noth am höchsten wäre, gedachte Siegismund August aus seinem Hinterhalt hervorzutreten, um dann mit sicherer Hand die letzte Schlinge zuzuziehen.

Und so geschah es. Verlassen von Allen, unfähig das Land gegen die wachsende Macht der Feinde länger zu vertheidigen war endlich der Herrmeister genöthigt, sich Polen in die Arme zu werfen. Schon am 5. April 1560 hatte er in einer mit den Ordensgebietern zu Riga abgehaltenen Versammlung erklärt, daß, falls die Dinge nicht eine günstigere Wendung nähmen, ihm nichts anderes übrig bliebe, als dem Beispiele des Markgrafen Albrecht von Preußen zu folgen, den Orden aufzulösen und sich an Polen anzuschließen.[304] Ein volles Jahr verging noch, ehe Kettler diesen entscheidenden Schritt that. Er wollte nicht von Deutschland lassen, bevor nicht die letzte Hoffnung ihm genommen. Als sich aber immer keine Rettung von dorther zeigte, mußte er endlich seinen Plan ausführen.

Am 28. November 1561 ward zu Wilna die Urkunde unterzeichnet, welche Livland unter die Botmäßigkeit Polens stellte. Der König verpflichtete sich, dem Lande seine selbstständige Verfassung zu lassen; Gotthard Kettler erhielt als polnischer Vasall die Herzogswürde über Curland und Semgallen.[305]

So ging Livland für den Orden und für Deutschland verloren.

VIII.

Es war im Frühjahre 1536, als auf dem zwischen Braunschweig und Hildesheim gelegenen alten Schlosse Steinbrück ein vornehmer Staatsgefangener eingebracht wurde. Ein finsterer Kerker, dessen zehn Fuß dickes Gemäuer mit dem kleinen nur drittehalb Fuß breiten Ausgange man heute noch sieht, nahm den Gefangenen auf. An der einen Mauerwand ist jüngst die Inschrift angebracht: „Hier lag und litt Jürgen Wullenweber. 1536—1537."[306]

Mit dem Namen dieses Mannes verbindet sich die Erinnerung an einen wichtigen Moment der Geschichte Lübecks und der Hansa. Während des kurzen Zeitraums von kaum zwei Jahren, wo Jürgen Wullenwever als Bürgermeister die Geschicke Lübecks leitete, versuchte er durch glänzende Unternehmungen und Waffenthaten den bereits langsam hinsterbenden Städtebund noch einmal zu frischem Leben zu erwecken und rief dadurch in dem europäischen Norden eine Bewegung hervor, welche nicht eher beschwichtigt wurde, als bis das Haupt des „kühnen Demagogen" unter dem Schwerte des Henkers fiel.

Seit der Mitte des fünfzehnten Jahrhunderts hatte die Hansa mehr und mehr von ihrer früheren politischen Bedeutung eingebüßt. Eine Reihe tiefgreifender Veränderungen, welche im Laufe jenes Jahrhunderts in dem europäischen Staatensysteme eingetreten waren, hatte auch in den Verhältnissen des norddeutschen Städtebundes nach Außen wie nach Innen einen Umschwung hervorgebracht, welcher nur zu deutlich zeigte, daß die alte Kraft der Hansa im Scheiden begriffen war und durch Nichts wieder ersetzt werden konnte.

Die Stiftung des neuburgundischen Herzogthums, die Ausdehnung der Polenherrschaft über Preußen, die Wiedererstarkung der skandinavischen Union unter der Regierung Christians I, endlich die Befreiung Rußlands vom Mongolenjoche und die plötzliche Machterweiterung dieses Reiches, das waren die Ereignisse, durch deren Zusammenwirken die Hansa in ihrer Thätigkeit und ihrem Unternehmungsgeiste daheim wie in den überseeischen Niederlassungen gelähmt und beschränkt wurde. Während sich im Westen die holländischen Städte von der hanseatischen Genossenschaft lossagten und auf dem Kontor zu Brügge der deutsche Kaufmann die härtesten Bedrückungen von den Flandrern erlitt, wurden im Osten die preußischen Städte unter ihrem neuen polnischen Herrn von einer jeden kräftigen Theilnahme an den allgemeinen Bundes-Angelegenheiten abgezogen. In Novgorod ward, wie wir gesehen haben, durch Iwan III der Hof der Deutschen geschlossen, um niemals wieder zu seinem alten Glanze zu gelangen. Auf dem Kontor zu Bergen wußte freilich der hanseatische Kaufmann sich noch weit über das fünfzehnte Jahrhundert hinaus im Vollgenusse aller seiner Privilegien zu erhalten; dort hatten die Deutschen so dauerhafte und weitverzweigte Verbindungen mit den Eingeborenen angeknüpft, daß es nur den Letzteren zum Schaden gereicht hätte, wenn man den Hanseaten irgend wie hemmend entgegengetreten wäre. Desto feindseliger zeigte sich aber Christian I in den übrigen Theilen seines Reiches gegen die deutschen Kaufmannsgesellschaften und brachte es durch fortgesetzte Belästigungen derselben endlich dahin, daß die Hanseaten im Jahre 1479 ihre Reise nach Schonen aufgaben, obgleich damals wieder Häringe genug im Sunde waren.[307]

So stürmten fast unaufhaltsam und von allen Seiten die widrigsten Verhältnisse auf die Hansa ein und drohten diesen stolzen Bau deutscher Kraft und deutschen Unternehmungsgeistes durch jähen Umsturz zu vernichten. Aber wenngleich die einstige Lebensfülle des Bundes erschöpft und für die Bestrebungen des Ganzen ein einigender Mittelpunkt nicht wieder zu gewinnen war, so zeigten doch die einzelnen Häupter desselben noch immer den oft erprobten Muth und Thatendrang und wußten nach wie vor in kleineren Kreisen das Ansehen ihrer Stellung zu bewahren. Dies tritt besonders während der Mitte des fünfzehnten Jahrhunderts in den Beziehungen der Hansa zu England hervor.

Als ein ehrwürdiges Denkmal der Handelsverbindungen, welche die norddeutschen Städte schon früh mit England angeknüpft hatten, steht noch heute der Stahlhof in London da. Das Gebäude, wie wir es jetzt sehen, stammt freilich erst aus dem Ende des siebenzehnten Jahrhunderts. Aber ein älterer Bau, welcher bei dem großen Londoner Brande im Jahre 1666 ein Raub der Flammen geworden, war bereits dreihundert Jahre früher unter dem Namen des Stahlhofes als Besitzthum der Hanseaten bekannt. In dem Statutenbuche des deutschen Kontors zu London wird schon beim Jahre 1320 des Stahlhofes, wie es scheint, als eines Theiles der dortigen hanseatischen Niederlassung gedacht und in einer Beschwerdeschrift der englischen Kaufleute über die Hanseaten vom Jahre 1422 werden die Letzteren geradezu „die vom Stahlhofe“ genannt.[308]

Unter den deutschen Städten, welche zuerst mit England Handelsverbindungen angeknüpft und in London festen Fuß gefaßt haben, steht Cöln oben an. Bereits zu Ende des zwölften Jahrhunderts besaßen die Kaufherren dieser Stadt in London ein eigenes Haus, welches höchst wahrscheinlich einen Theil der späteren „Gildehalle der Deutschen“ und des hanseatischen Stahlhofes bildete. Um eben jene Zeit erhielten die Cölner vom Könige Heinrich II auch das Recht, „auf dem dortigen Markte, wo der Wein von französischem Gewächse verkauft wird, auch den ihrigen, das Nößel zu dem Preise von drei Denaren zu verkaufen.“[309]

Nächst Cöln erscheint dann Bremen als die erste Hansastadt, deren Bürgern im Jahre 1213 in England Handelsprivilegien ertheilt wurden und von da an finden wird bald auch Hamburg, Lübeck und andere Seestädte, selbst Binnenplätze wie Braunschweig und die unternehmenden westfälischen Städte in lebhaften Beziehungen zu England.

Im Jahre 1260 erließ König Heinrich III eine Bestimmung, wonach den „Kaufleuten des Reiches Alemannien, welche in London die Gildehalle der Deutschen besitzen" Schutz und Sicherheit zugesagt wird. Ein und zwanzig Jahre später bestätigt auch König Eduard I diesen Fremden ihre gemeinschaftlichen Privilegien. Ein geschlossener Verein hatte sich damals bereits unter dem Namen der „Kaufleute von der Hansa Alemanniens in London" gebildet, an dessen Spitze ein Aeltermann stand und als dessen Vertreter wir im Jahre 1282 verschiedene Bürger aus Cöln, Dortmund, Münster und Hamburg kennen lernen.[310]

Auf solche Weise erhielten die Beziehungen der Hansa zu England Halt und Festigkeit. Neben dem Londoner Kontor bildeten sich auch in anderen Städten Englands, in Lynn und Boston kleinere hanseatische Factoreien, und um die Mitte des vierzehnten Jahrhunderts standen die Oesterlinge oder Easterlingen, wie die Hanseaten gewöhnlich in England genannt wurden, dort zu Lande in solchem Ansehen, daß sie nach dem Zeugnisse des Londoner Chronisten Fabyan zu den mit dem Könige Eduard III verbündeten „Nationen" gezählt wurden.[311]

Aber die gastliche Aufnahme, welche die Hanseaten bei den Engländern fanden, wurde diesen in Deutschland nicht in gleichem Maße zu Theil, und wenngleich die englischen Kaufleute ein solches Mißverhältniß lange Zeit duldsam ertrugen, so ward durch dasselbe doch schließlich der Grund zu ernsthaften Feindseligkeiten zwischen ihnen und den übermüthigen Hansemännern gelegt.

Es ist bereits zu wiederholten Malen der Eigenmächtigkeit gedacht worden, mit welcher die deutschen Seestädte alle fremden Nationen von der Fahrt auf dem baltischen Meere auszuschließen suchten. Die hierauf hinzielenden Verbote kommen schon im dreizehnten Jahrhunderte vor und sind sowohl gegen die Flandrer und Friesen, als auch gegen die Engländer und Schotten gerichtet. Auf die Länge vermochte indessen die Hansa dieses Absperrungssystem eben so wenig gegen die Engländer wie gegen die Niederländer durchzuführen. Dieselben Gründe, welche es den Letzteren wünschenswerth machten, sich mit den baltischen Getreideländern in direkte Verbindung zu setzen, lag auch für die Engländer vor und wie jene, sahen sich auch diese schon früh genöthigt, die hanseatischen Verbote auf alle Art zu umgehen und durch Schleichhandel das zu erreichen, was ihnen auf offnem Wege nicht möglich war.

Beim Jahre 1381 bemerkt zuerst die Stralsunder Chronik, „do plegen de Engelsken tho liggende gegen den Dornbusken up dem Jellende, dar schepeden sie ut und wedder in.“[312] Bis zum Stralsunder Hafen wagten also die englischen Frachtfahrer nicht vorzudringen; sie gingen außerhalb desselben an der nördlichen Spitze der benachbarten Insel Gellen beim sogenannten Dornbusch vor Anker, nahmen dort im Geheimen die Getreidevorräthe ein, die sie oft schon aufgekauft hatten, ehe noch die Frucht auf dem Felde gereift war; so wußten sie sich der Erlegung des hohen Ausfuhrzolls zu entziehen.

In ähnlicher Weise verfuhren die Engländer ohne Zweifel auch an anderen Ostseeplätzen und verursachten dadurch den Hansestädten einen beträchtlichen Verlust an der Zolleinnahme. Es ist somit mehr als wahrscheinlich, daß das bekannte Kornausfuhrverbot, welches die hanseatische Tagefahrt im Jahre 1418 erließ, nicht minder zur Beschränkung des englischen als des holländischen Schleichhandels dienen sollte. Der Beschluß jener Tagefahrt ging nämlich dahin, nur diejenigen Getreideladungen durch den Sund passiren zu lassen, welche in einer Hansastadt angekauft waren. Man sollte glauben, es sei die Absicht jenes Beschlusses gewesen, die Engländer und die übrigen Frachtfahrer des Westens zu zwingen, daß sie in den größeren Ostseeplätzen ihre Kornvorräthe ankauften und demnächst den gesetzlichen Ausfuhrzoll erlegten. Aber in den meisten baltischen Häfen wurde den Engländern der Zutritt und Geschäftsbetrieb auf alle Weise erschwert. In den preußischen Seestädten, wo sie die verhältnißmäßig günstigsten Privilegien erhalten hatten, fanden während des vierzehnten und fünfzehnten Jahrhunderts zwischen ihnen und den Eingeborenen die ärgerlichsten Streitigkeiten statt, welche trotz aller Bemühungen der deutschen Hochmeister niemals ganz zu beseitigen waren. Als im Jahre 1422 englische Kaufleute in Danzig ein Haus an sich gebracht hatten, um dasselbe nach Art der hanseatischen Gildehalle in London zu einem Kontor einzurichten, ließ der Rath von Danzig dieses Gebäude mit eisernen Ketten verschließen und zugleich den Engländern andeuten, daß ihnen der Aufenthalt und Handelsbetrieb in der Stadt nur unter der Bedingung gestattet werden könne, daß sie in Privathäusern wohnten. Auch wurde ihnen anbefohlen, während des Winters keine Geschäfte irgend welcher Art zu machen und ihre zum Verschiffen bestimmten Vorräthe von Stabholz und Eichenholz nicht von außerhalb, sondern von den Bürgern der Stadt selbst zu beziehen.[313]

Nicht minder unduldsam verfuhr man gegen die Engländer in den anderen Hansestädten und namentlich in Lübeck. Hier müssen die Engländer sich bereits im dreizehnten Jahrhunderte, vielleicht bald nach der Gründung der Stadt, in zahlreicher Menge niedergelassen haben, wie aus den alten noch heute gültigen Namen zweier dortiger Straßen, der „Engelsgrube" und „Engelswisch" ersichtlich ist.[314] Aber schon das folgende Jahrhundert zeigt uns, daß grade Lübeck es war, welches der wachsenden Bedeutung des englischen Ostseehandels aufs Entschiedenste entgegenzuarbeiten suchte. Im Jahre 1391 stellte Lübeck bei der Tagefahrt zu Hamburg den Antrag, alle huller Kaufleute aus den Hansestädten zu verweisen. Neunzehn Jahre später trug Lübeck sogar darauf an, daß überhaupt die Engländer keine Privilegien weiter in den hanseatischen Städten erhalten sollten.[315] Diese Vorschläge, obgleich sie von der mächtigsten Stadt des Bundes ausgingen, fanden damals wenig Anklang bei den übrigen Mitgliedern der Hansa. Indeß zeigten die eben erwähnten Vorgänge in Danzig, so wie das Benehmen anderer Seestädte gegen die Engländer nur zu deutlich, daß es diesen nirgends gelingen wollte, festen Fuß zu fassen. In allen Städten wurde ihnen bald verboten Schiffe zu bauen; seit 1426 durfte kein Hanse mit ihnen gemeinschaftliche Geschäfte machen; allen Fremden, mithin auch den Engländern, welche des Handels wegen eine Bundesstadt besuchten, ward es untersagt, sich dort länger als drei Monate aufzuhalten.[316]

So feindselig auch die Gesinnung war, welche sich in diesen und ähnlichen Maßregeln der Hanseaten gegen die Engländer aussprach, so ward doch wieder alles Erwarten die Stellung der deutschen Kaufleute in England dadurch in keiner Weise gefährdet. Mochten auch hin und wieder die englischen Könige sich in Folge der dringenden Beschwerden ihrer Unterthanen genöthigt sehen, die Privilegien der Hansen auf einige Zeit zu beschränken, so wußten doch die Letzteren durch Umsicht und Klugheit immer sehr rasch wieder in den Besitz ihrer Freiheiten und Vorrechte zu gelangen. Denn diese geschickten Kaufherren hatten es allmählig gelernt, sich den Fürsten Englands fast unentbehrlich zu machen und bei denselben durch gute Dienste ein warmes Interesse für das Bestehen und die Erweiterung ihrer dortigen Kontore zu erwecken. Wir kennen mit Namen jene hanseatischen Großhändler, welche zu verschiedenen Zeiten dem König Eduard III und dem schwarzen Prinzen ihre Reichthümer zu Gebote stellten und ihnen bald die nöthigen Baarvorschüsse an Capitalien leisteten, bald ihnen Schiffe, Lebensmittel und Waffen zu den Kriegen mit Frankreich überließen. Es sind die Kaufherren Johann von Wolde, die Clippinks und vor Allen der reichbegüterte Tidemann von Lymbergh, der über so große Summen zu gebieten hatte, daß Eduard III ihm im Jahre 1348 oder 1350 eine beträchtliche Anzahl Landgüter in sieben verschiedenen Grafschaften auf tausend Jahre abtrat.[317] Die königliche Gunst, welcher diese Männer sich erfreuten, kam stets auch ihren übrigen hanseatischen Genossen wesentlich zu Statten und mehr und mehr wuchs so der Hof der Deutschen in London an Ansehen und Bedeutung.

Den englischen Kaufmann aber verdrossen diese Mißverhältnisse im höchsten Grade. Während die Eifersucht der Hansen ihm nicht nur in den deutschen Städten, sondern selbst auf dem Kontor zu Bergen die lästigsten Beschwerden entgegenstellte, sah er seine Landesfürsten eifrig bedacht, denselben Easterlingen einen Freibrief nach dem anderen zu geben. Durch die Wegnahme einzelner hanseatischer Schiffe hatten die Engländer schon lange versucht, sich für ihre in den deutschen Städten erlittenen Verluste schadlos zu halten. Als diese vereinzelten Kapereien nichts fruchten wollten, schritten die erbitterten Engländer zu größeren Unternehmungen.

Im Jahre 1449 wurde eine Flotte von 108 großen Kauffahrteischiffen, welche mit reichen Salzladungen aus der Bai von Biskaia in den Kanal kamen, und welche zum Theil den Holländern, zum Theil aber den Lübeckern, Preußen und Livländern zugehörten, von englischen Kapern unter dem nichtigen Vorgeben angehalten, daß die Schiffe Feindesgut führten und ward trotz aller Gegenvorstellungen der Kapitäne genöthigt, in einen englischen Hafen einzulaufen, um die Ladungen der einzelnen Fahrzeuge untersuchen zu lassen. Hier angelangt, wurden die sämmtlichen Schiffe, obgleich sie keine feindliche Waaren geladen hatten, für Beute erklärt; nur diejenigen, welche sich als Holländer ausgewiesen hatten, erhielten ihre Freiheit.[318]

Eine solche Beleidigung der lübecker Flagge hätte hundert

Jahre früher sicherlich ein allgemeines Aufgebot der hanseatischen Streitkräfte gegen England zur Folge gehabt. Jetzt mußte die ehrwürdige Reichsstadt für sich allein darauf bedacht sein, diesen Friedensbruch zu rächen. Und wenn auch spät, so fand sich doch ein Anlaß, um England zu beweisen, daß in der Travenstadt der alte Sinn für Waffenehre sich noch ungeschwächt erhalten hatte.

Neun Jahre waren seit jenem Vorfalle verstrichen. Ein langwieriger Seekrieg, zu welchem die Lübecker den König von England durch die in ihrer Stadt geschehene Verhaftung eines seiner Gesandten, des Doktor Caunton, veranlaßt und an welchem sich auch einzelne preußische Städte betheiligt hatten, war ohne entscheidende Bedeutung gewesen und hatte im Jahre 1456 sein Ende erreicht. Der Vermittelung einiger anderer Hansestädte war es gelungen, eine Waffenruhe auf acht Jahre zwischen den streitenden Parteien herzustellen.[319] Da bringt im Jahre 1458 ein blinder Zufall die Lübecker von Neuem in der Meerenge von Calais mit den Engländern in feindliche Berührung. Zum Oberbefehlshaber jener Stadt und der dort stationirten englischen Geschwader war damals so eben Richard Neville Graf von Warwick ernannt worden. Dieser erhält am 28. Mai die Nachricht, daß eine Flotte von acht und zwanzig Segeln in Sicht sei und in der Meinung, daß dies französische Schiffe wären, beschließt der Graf mit gewohnter Kühnheit sofort dieselben anzugreifen. Mit Tagesanbruch geht er am Montag den 29. Mai mit fünf großen und sieben kleinen Kriegsfahrzeugen in See. Bei Annäherung der vermeintlichen Feinde mußte Warwick bald seinen Irrthum erkennen: es waren lübecker Schiffe, welche mit Salz und Südweinen aus der Bai von Biskaia kamen, um nach Livland zu gehen. Das aber gilt dem Grafen gleich; der einmal beschlossene Angriff wird unternommen und bald entspinnt sich zwischen den Engländern und Lübeckern, welche sich tapfer zur Wehre setzen, ein heftiger Kampf, der volle sechs Stunden von Morgens vier bis Vormittags zehn Uhr währt.

Ein Augenzeuge dieses Treffens John Jernyngan, der vermuthlich selbst einen Theil der englischen Schiffe unter seinem Befehle hatte, erzählt, daß wohl „seit vierzig Wintern" keine so große Schlacht zur See stattgefunden habe, „und," fügt er treuherzig hinzu, „wir sind in der That recht tüchtig geschlagen worden." Denn obgleich die Lübecker sechs Schiffe einbüßten, so waren doch die Verluste der Engländer ungleich bedeutender, und gegen Abend sah Warwick sich genöthigt mit seinem Geschwader nach dem Hafen von Calais zurückzueilen.[320]

Während der nächstfolgenden Zeiten, welche über England die Schrecken des Bürgerkrieges brachten, vermochten die Hanseaten ihre dortigen Niederlassungen nur mit Mühe vor dem Untergange zu schützen. Im Jahre 1470 war daher die Mißstimmung der Seestädte gegen die Engländer so allgemein geworden, daß die Tagefahrt zu Lübeck den Beschluß faßte, die hanseatischen Kaufherren aus England zurückzurufen.[321] Gleichzeitig hören wir unausgesetzt von wohlgelungenen Seezügen, welche die einzelnen Bundesstädte gegen die englischen Kauffahrer unternommen. Alle Gewässer des

Kanals und der Nordsee waren erfüllt von dem wilden Kriegsgetümmel, welches die Hanseaten um sich verbreiteten; an den Küsten Englands erregten die Orlogsschiffe der Hamburger und Bremer Angst und Schrecken, während die Danziger unter ihrem kühnen Führer Paul Benecke ihr Wesen trieben,[322] und „nicht ohne Grund," schreibt Philipp von Commines zum Jahre 1472, „werden die Oesterlinge von den Engländern gefürchtet, denn sie sind tüchtige Kämpfer und haben ihnen großen Schaden zugefügt und haben viele ihrer Schiffe erbeutet."[323]

Im Jahre 1474 kam endlich zu Utrecht ein Vertrag zu Stande, welcher den Hanseaten ihre alten Vorrechte in England wieder einräumte und welcher zur Ausgleichung der Feindseligkeiten dienen sollte. Eilf Jahre später setzte die Schlacht bei Bosworth dem Kriege der beiden Rosen ein Ende und mit neuer Zuversicht mochten jetzt die Seestädte ihre Verbindungen mit London, Lynn und Boston wieder aufnehmen. Indeß der Haß des englischen Kaufmanns gegen die fremden Nebenbuhler hatte bereits zu tiefe Wurzeln geschlagen, als daß auf die Dauer ein freundschaftliches Einvernehmen zwischen den Hanseaten und den Eingeborenen zu erreichen gewesen wäre. Schon im Jahre 1493 kam es wieder zu den ärgerlichsten Zwistigkeiten. Die Unterstützung, welche der Prätendent Perkin Warbeck beim römischen Könige Maximilian gefunden haben sollte, hatte Heinrich VII veranlaßt, allen Handel zwischen England und den Staaten des Königs zu verbieten. Durch diese Maßregel war das ganze englisch-flandrische Geschäft den Hanseaten zugefallen, welche nun zum großen Nachtheile der Londoner Tuchbereiter, Tuchhändler und Krämer die Ein- und Ausfuhr zwischen England und Flandern vermittelten. Hierüber aufgebracht unternahm im März des Jahres 1493 ein Volkshaufe einen förmlichen Angriff gegen den Stahlhof, drang in alle Packräume und Kammern, wohin man gerade gelangen konnte und plünderte diese aus. Als es den Hanseaten endlich glückte, die Rotte zu verjagen und die Hofthore zu schließen, führte eine neue Volksmasse einen zweiten Sturm aus, der vielleicht noch schlimmer als der erste geendet haben würde, wenn nicht der Mayor von London die Unruhestifter mit bewaffneter Macht auseinandergetrieben hätte.[324]

Dieser Vorfall scheint ohne erhebliche Folgen geblieben zu sein. Wenigstens hören wir nicht, daß von der hanseatischen Tagefahrt irgend welche Klage erhoben worden sei, was vielleicht darin seinen Grund haben mochte, daß eben damals Angelegenheiten ernsterer Art die ganze Aufmerksamkeit der Seestädte nach einer anderen Seite hingelenkt hatten.

Am 22. Mai 1481 war Christian I von Dänemark gestorben. Die feindselige Gesinnung, welche dieser Fürst während seiner ganzen Regierungszeit gegen die Hansa gehegt und zu wiederholten Malen bethätigt hatte, war auch auf seinen Sohn und Nachfolger Johann übergegangen. Als Hauptursache der Abneigung des Letzteren gegen die Seestädte darf man wohl das Verhältniß betrachten, in welches dieselben zu Schweden getreten waren.

Das schwedische Reich gehörte bereits seit Langem nur noch dem Namen nach zur skandinavischen Union. Durch die Schlacht auf dem Brunkeberge, wo die Schweden unter ihrem Reichsverweser Sten Sture am 10. Oktober 1471 den glänzenden Sieg über Christian erfochten hatten, war die Herrschaft der Dänen dort fast vollständig gebrochen worden. Sten Sture besaß Umsicht und Berechnung genug, um dem Könige Christian einen Schein von Oberherrlichkeit zu lassen; dem fast fürstlichen Ansehen des Reichsverwesers vermochte aber Dänemark nicht den geringsten Abbruch zu thun. Als nun Johann den Thron bestieg, schien in diesen Verhältnissen eine Aenderung eintreten zu wollen: Sten Sture verstand sich im Jahre 1483 zur Huldigung des neuen Königs und durch den Calmarschen Receß von eben jenem Jahre ward festgesetzt, daß die Reiche „zusammen bleiben sollten in ewigem Frieden, Liebe und Verbündniß unter einem Herrn und Könige zu ewigen Zeiten." Indessen von einem dauernden Einverständniß mit Dänemark war man in Schweden eben so weit entfernt wie von einer vollgültigen Anerkennung der Herrschaft des fremden Königs. Die neue Union bestand nur „auf dem Papiere,"[325] und wenn es Johann auch im Jahre 1497 gelang, durch Waffengewalt einen Schimmer von Macht im Schwedenreiche um sich zu verbreiten, so bedurfte es doch nur des einen unglücklichen Tages bei Hemmingstedt, um abermals die Union zu lösen. Kaum war die Nachricht von dem denkwürdigen Siege, welchen die Ditmarschen am Valentinstage, den 17. Februar 1500 über die vereinten Dänen und Schleswig-Holsteiner erfochten hatten, nach Schweden gedrungen, als auch hier sofort dem Könige der Gehorsam aufgesagt wurde. Vergebens suchte noch Johann bald auf friedlichem bald auf feindlichem Wege die Schweden zur Umkehr zu bewegen; nur mit Mühe erlangte er im Jahre 1509 vom schwedischen Reichsrathe das Zugeständniß einer jährlichen Geldrente von 13,000 Stockholmer Mark.[326]

An allen diesen nordischen Angelegenheiten hatten Einzelne der hanseatischen Städte den lebhaftesten Antheil genommen. Als die natürlichen Feinde der skandinavischen Union hielten Lübeck und seine Genossen sich berufen, jeden Gegner Dänemarks kräftig zu unterstützen, und mit voller Sicherheit durfte daher Schweden vom ersten Augenblicke seiner Erhebung an auf den Beistand der Seestädte rechnen. Durch ihre Vermittlung war Sten Sture unablässig mit Proviant und Waffen versorgt worden trotz der eindringlichen Ermahnung, welche schon Christian I an den Lübecker Rath gerichtet hatte, dafür zu sorgen, daß der Sache der aufrührerischen Schweden von den deutschen Städten kein Vorschub geleistet würde.[327] Immer neue Schiffe waren von den hanseatischen Kaufleuten nach den schwedischen Häfen befrachtet worden, und wenngleich manches ihrer Fahrzeuge von den königlichen „Ausliegern" aufgefangen sein mochte, so war doch im Ganzen dieser Handelsverkehr zu gewinnreich und der Wunsch den Schweden zu nützen zu lebhaft, als daß die Städte sich durch einzelne Verluste hätten abschrecken lassen.

Da keine Worte mehr helfen wollten, so sah sich Johann endlich genöthigt, zu dem alten Mittel seine Zuflucht zu nehmen, welches hundert Jahre früher bereits König Erich angewandt hatte: er trat mit den Holländern und Brabantern,

12*

den Feinden der Hansa in Verbindung, öffnete ihnen den Sund und versprach ihnen große Handelsfreiheiten und Vorrechte.[328]

Auf diese Herausforderung antwortete Lübeck mit einer offnen Kriegserklärung. Schon am 14. Oktober 1509 schlossen die beiden Lübecker Rathsherren Meßmann und Bomhover in Stockholm ein Bündniß mit dem schwedischen Reichsrathe ab; sechs Monate später am 21. April 1510 erließ die Stadt ihren Fehdebrief an König Johann und noch in demselben Jahre eröffnete sie in Gemeinschaft mit Wismar, Rostock, Stralsund und Lüneburg den Kampf gegen Dänemark. Die Inseln Bornholm, Langeland, Moen und Laland wurden verheert, die königlichen Schiffe, wo sie sich zeigten, genommen. Das folgende Jahr begann freilich unglücklich für die verbündeten Städte: am 5. Juni erschienen die Dänen vor Wismar, nahmen vierzehn Schiffe, die auf der dortigen Rhede lagen und brannten die Vorstädte nieder. Dagegen rächten sich die Lübecker bald darauf durch einen Angriff auf die königliche Flotte bei Bornholm so wie an einer holländischen Handelsflottille, welche sie auf der Höhe von Danzig bei Hela antrafen und welche theils zerstört, theils ihrer Ladungen beraubt wurde. Mit Ablauf des Jahres gab sich endlich von beiden Seiten der Wunsch nach Frieden kund; am 22. November 1511 kam in Flensburg eine vorläufige Verabredung zu Stande; Jahrs darauf schloß Johann in Malmö mit Schweden einen Waffenstillstand, mit den Städten einen Frieden ab, welcher den Letzteren ihre alten Zollfreiheiten und Rechte wiedergab und sie zugleich verpflichtete, als Schadenersatz die Summe von 30,000 Gulden in zwölf jährlichen Terminen an Dänemark auszuzahlen.[329]

Aber die Hoffnungen, welche man an diese Malmöer Verträge knüpfen mochte, gingen nicht in Erfüllung. Nachdem Johann im Jahre 1513 gestorben war, folgte ihm auf dem dänischen Throne sein Sohn Christian II, ein Fürst von hohen Gaben und durchgreifender Willenskraft, dessen ungestümer Sinn jedoch nur zu bald wieder im Norden alle feindseligen Gewalten heraufbeschwor und hier einen Kampf anfachte, der ihn schließlich Reich und Krone kostete. Wohl gelang es ihm im Jahre 1520 durch einen siegreichen Feldzug in Schweden eine fast unumschränkte Herrschaft anzubahnen; indeß die Schreckenstage des von ihm angeordneten Stockholmer Blutbades verdüsterten bald den Glanz jenes Unternehmens und machten es dem jugendlichen Gustav Wasa möglich, Schweden von dem fremden Joche zu befreien und das Reich für immer von Dänemark zu trennen. Als Christian dann zur Befestigung seines Ansehens im eigenen Lande Hand an die Vorrechte des Adels legte, um so das Volk für sich zu gewinnen; als er es selbst nicht verschmähte, die Reformation in Dänemark zu befördern, um durch sie den Einfluß der Kirche zu brechen, da schuf er sich auch hier an dem gereizten Adel und der Geistlichkeit zwei so mächtige Gegner, daß er sich binnen Kurzem außer Stande sah, die Krone gegen ihre Angriffe sicher zu stellen. Im April 1523 verließ Christian Kopenhagen und begab sich nach den Niederlanden zu seinem Schwager dem Kaiser Karl V. Dort hoffte er Hülfe zu finden, um demnächst als Sieger in seine

Hauptstadt zurückkehren zu können. Und wohl sah er sie wieder, aber erst nach Verlauf von neun verhängnißvollen Jahren und nicht als Sieger, sondern als Gefangener seines inzwischen zum Könige erwählten Oheims Friedrich, welcher den entthronten Neffen im Jahre 1532 zu einer Verhandlung nach Kopenhagen zu kommen verleitete, ihn dort aber trotz des zugesagten sicheren Geleites verhaften und nach Sonderburg abführen ließ.

Wir stehen hier an dem Eingange desjenigen Zeitraumes, in welchem die Hansa sich noch einmal berufen sah, ihren ganzen Einfluß auf die skandinavischen Angelegenheiten zur Geltung zu bringen und wo noch einmal Lübeck als Vorort des Bundes eine Thätigkeit und Entschlossenheit zeigte, welche an die glänzendsten Zeiten seiner Vergangenheit erinnerte.

Die ersten Schritte zu dieser Machtentwicklung hatte die Reichsstadt schon während der Regierung Christians II gethan, dessen Feindseligkeiten Lübeck nur dadurch entgegen zu wirken wußte, daß es die Pläne seiner beiden Hauptgegner unterstützte. Deshalb hatte der Lübecker Rath sich im Jahre 1519 des Flüchtlings Gustav Wasa so mannhaft angenommen und hatte dessen Auslieferung an Dänemark aufs Entschiedenste verweigert. Deshalb war Lübeck bald darauf mit dem Oheim Christians, dem Herzoge Friedrich, in Verbindung getreten, hatte im Jahre 1522 seine Flotte vor Kopenhagen gelegt und hatte offne Fehde gegen Christian begonnen. Und als endlich der unglückliche Fürst sein Reich verlassen, Schweden unter Gustav Wasa seine alte Selbstständigkeit erlangt und Herzog Friedrich den dänischen Königsthron bestiegen hatte, da durften Lübeck und seine Verbündeten sich wohl rühmen, daß hauptsächlich durch ihre Mitwirkung das skandinavische Unionswerk vernichtet und einer neuen Ordnung der Dinge Bahn gebrochen war. Es kam nun die Zeit, wo das Haupt der Hansa sich anschickte, die Früchte dieser Anstrengungen einzuernten und hierbei wird es nöthig sein, einen Blick auf die damaligen inneren Verhältnisse der Stadt zu werfen.

Unter den norddeutschen Städten ist Lübeck eine der letzten gewesen, welche von den Bewegungen der Reformation ergriffen wurde. Die ersten Versuche, der neuen Lehre hier Eingang zu verschaffen, fallen in die Jahre 1523 und 1524, blieben aber ohne Erfolg, da der Rath sowohl als auch das Lübecker Domcapitel allen Aenderungen im Kirchenwesen den nachhaltigsten Widerstand leisteten. Die einzelnen evangelischen Prediger wurden aus der Stadt gewiesen, lutherische Schriften ließ man auf dem Markte durch den Büttel verbrennen, und wenngleich unter den Einwohnern sich allmählig eine große Hinneigung zu den Ansichten des Wittenberger Reformators kund gab, so vermochte dieselbe doch bis zum Jahre 1529 nicht zum Durchbruch zu kommen.

Da traten Verhältnisse ein, welche den Rath zur Nachgiebigkeit zwangen. Durch die Theilnahme Lübecks an den nordischen Kriegen der letzten Jahre war die Stadt in solche Geldverlegenheiten gekommen, daß der Rath sich genöthigt sah, die Steuern zu erhöhen. Eine derartige Maßregel aber bedurfte der Zustimmung der Gemeinde und diesen Umstand benutzte nun die Bürgerschaft, um die gewünschten Aenderungen im Kirchenwesen durchzusetzen. Ein Ausschuß von acht und vierzig Personen, welcher mit dem Rathe in Verhandlung trat, brachte diesen dahin, daß im Jahre 1529 zwei der ausgewiesenen Prediger zurückberufen wurden und Jahrs darauf wenigstens in einer der Stadtkirchen die Austheilung des Sakramentes in beiderlei Gestalt erlaubt ward. Nach diesen Zugeständnissen gab auch der Bürgerausschuß seine Einwilligung zur Erhebung der neuen Steuern.[330]

Aber damit war die Sache nicht abgethan. Denn wie es in Zeiten politischer und religiöser Gährung in einem Staatswesen zu geschehen pflegt, so dienten diese ersten Zugeständnisse des Rathes nur dazu, um die von Haß und Mißtrauen gegen das bestehende städtische Regiment erfüllte Bevölkerung zu immer ungemessenern Forderungen anzutreiben und binnen Kurzem erhob sich aus der Mitte der Gemeinde eine Partei, deren Absichten unverkennbar dahin gingen, sich den alleinigen Besitz der obersten Gewalt zu verschaffen. Noch im Jahre 1530 trat an die Stelle der Achtundvierziger ein Ausschuß von vierundsechszig Männern als ständiges Collegium, dem bald ein weiterer Ausschuß von hundert Personen beigeordnet ward, um so die Gemeinde nach allen Seiten zu vertreten. Raschen Schrittes ging man nun an eine vollständige Aenderung im Kirchenwesen und im Staate, neue Prediger wurden berufen, die Messen abgeschafft, die Klöster zum Theil in Armenhäuser verwandelt, an jeder Kirche wurden Gotteskasten „für die Armuth und die Kirchendiener" errichtet, zu denen das Capitel einen großen Theil seiner Einkünfte hergeben mußte. Daneben verlor der Rath immer mehr an Macht und Einfluß und wagte nur selten den Uebergriffen der Vierundsechsziger entgegenzutreten.

Unter den hervorragenden Mitgliedern des Rathes, welche ihrer strengkatholischen Gesinnung wegen am Entschiedensten diesem Aufschwunge der Dinge widerstrebten, wird neben dem Bürgermeister Plönnies vornehmlich dessen Amtsgenosse Nicolaus Brömse genannt.[331]

Die Brömses waren ursprünglich im Lüneburgischen zu Hause. Im Jahre 1477 wurde Heinrich Brömse, der Enkel eines Lüneburger Rathsherrn, zu Lübeck in den Rath gewählt und starb daselbst als Bürgermeister im Jahre 1502. Dessen Sohn war Nicolaus Brömse, „ein von Natur frommer Mann, der ob er wohl seinen Verhältnissen gemäß sich prächtig gehalten, doch gegen männiglich freundlich und ehrerbietig gewesen, daher ihn auch die Gemeinde sehr lieb gehabt." Im Jahre 1514 wurde Brömse in den Rath gewählt und wird bereits fünf Jahre später zur Zeit, wo Gustav Wasa sich in Lübeck befand, als Bürgermeister aufgeführt. Nach der Angabe der schwedischen Schriftsteller soll Niclas Bröms es damals gewesen sein, welcher sich hauptsächlich des jungen Wasa angenommen und ihn mit Rath und That unterstützt habe. Beim Beginn der reformatorischen Bewegungen trat dann Brömse als entschiedener Gegner aller Neuerungen auf; zu wiederholten Malen suchte er durch sein persönliches Erscheinen den Unruhestiftern gegenüber Gesetz und Ordnung zu wahren; durch seinen Bruder den Doctor Brömse erwirkte er sogar im Jahre 1530 vom Kaiser Karl V den drohenden Befehl, daß der Ausschuß der Vierundsechsziger aufgelöst und die lutherische Lehre in Lübeck wieder abgeschafft werden sollte. Indeß sein Einfluß im Rathhause wie bei der Bürgerschaft war bereits gebrochen und das kaiserliche Mandat diente nur dazu, um die Gemeinde mit neuem Argwohne gegen den Rath zu erfüllen. Als dieser endlich sich bequemte, am 18. Februar 1531 die Hand zum Vertrage mit der Bürgerschaft zu bieten; als Tags darauf am Sonntag den 19. Februar von allen Kanzeln herab gedankt ward für den Vergleich, der zwischen Rath und Gemeinde abgeschlossen war und der beide zur Aufrechterhaltung aller neugetroffenen Einrichtungen verpflichtete, da fühlte Brömse wohl, daß seines Bleibens jetzt nicht länger in der Vaterstadt sein dürfe. In Gemeinschaft mit Plönnies verließ er am Osterabend heimlich Lübeck, um sich zunächst nach Mecklenburg zum Herzog Albrecht zu begeben. Von dort zog Brömse später nach Brüssel an den kaiserlichen Hof.

In den Vordergrund der Bewegung tritt von nun an Jürgen Wullenwever, der bereits seit dem April 1530 eins der thätigsten Mitglieder der Vierundsechsziger gewesen war und erst jüngst als einer der vier Wortführer der Bürgerschaft den Vergleich mit dem Rathe abgeschlossen hatte.

Die früheren Lebensverhältnisse Wullenwevers sind in tiefes Dunkel gehüllt. Er ist angeblich im Jahre 1492 oder 1493 geboren, wahrscheinlich in Hamburg, wo sein Bruder Joachim seit dem Jahre 1528 als dritter Oberalter des St. Katharinen Kirchspiels eine hervorragende Stellung bei der dortigen Volkspartei einnahm. Dort kommt auch ein Kaufmannsgeschlecht dieses Namens schon im vierzehnten Jahrhunderte vor.[332] In Lübeck, wo weder Jürgen Wullenwever, noch sonst ein Glied seiner Familie ein Grundstück besessen hat, taucht sein Name zum erstenmale im Jahre 1530 auf, bei Gelegenheit seiner Wahl in den Bürgerausschuß und wird er hier als Kaufmann aufgeführt.[333] Durch die neue Rathsordnung vom Jahre 1531, welche die Zahl der Mitglieder des Rathes von siebenzehn auf vierundzwanzig erhöhte und die Wahl derselben in die Hand der Gemeinde legte, wurde dem Einflusse Wullenwevers ein weites Feld eröffnet, und wenngleich noch zwei Jahre vergingen, ehe er in den Rath selbst gewählt ward, so blieb er doch von nun an schon unausgesetzt im Vordertreffen der Geschäfte und war vornehmlich einer der Leiter der auswärtigen Angelegenheiten, welche um jene Zeit durch die nordischen Beziehungen eine besondere Wichtigkeit erlangt hatten.

Die Haupt-Interessen Lübecks und der Hansa drängten sich damals in dem einen Punkte zusammen, die Niederländer, welchen durch Johann I und Christian II ein für die Seestädte so gefährliches Uebergewicht auf der Ostsee eingeräumt war, von dort wieder auszuschließen. Um dies zu erreichen, glaubten die Städte am sichersten zu gehen, wenn sie den König Friedrich I von Dänemark dazu bestimmten, den Holländern die Schiffahrt durch den Sund zu verwehren, was man um so leichter vom Könige zu erlangen hoffen durfte, da dieser in den Holländern, als den Bundesgenossen seines Gegners, des entthronten Christian, seine eigenen Feinde erkennen mußte. Zweimal ging Wullenwever daher im Jahre 1532 als „vom Rathe verordnet"[334] mit einer Gesandtschaft Lübecks nach Kopenhagen, wo sich auch die Sendeboten Rostocks, Stralsunds und anderer Seestädte eingefunden hatten, um den König zu einem entschiedenen Auftreten gegen die Holländer zu bewegen. Indeß so sehr auch Friedrich die hohen Verdienste anerkennen mußte, welche Lübeck und dessen Genossen sich durch die unermüdliche Bekämpfung seines Neffen um die Befestigung seiner eigenen Herrschaft erworben hatten, so fürchtete doch der vorsichtige Herr einestheils durch einen offnen Bruch mit den Niederländern ihren Beschützer, den Kaiser Karl V zu sehr gegen sich aufzubringen, anderentheils lag die Besorgniß nahe, daß durch ein unbedingtes Eingehen auf die Pläne der Hanseaten denselben in Dänemark zu viel Macht eingeräumt würde. Mochte Friedrich daher auch früher den Seestädten die sichere Zusage gemacht haben, daß der „dänische Hellespont" den Holländern gesperrt werden sollte,[335] so ging er doch späterhin nur theilweise auf die Wünsche der Hanseaten ein und wußte sie, trotz des heftigen Auftretens Wullenwevers in Kopenhagen, mit ausweichenden Erklärungen und leeren Worten hinzuhalten, besonders von dem Augenblicke an, wo er sich der Person Christians bemächtigt und sich so nach dieser Seite hin Ruhe verschafft hatte.

Die Triebfeder dieser Politik war die alte Hinneigung Dänemarks zu Holland, welche man für den Augenblick zwar noch auf alle Weise den Hanseaten gegenüber zu verbergen suchte. Sie kam aber offen zum Vorschein, als im April 1533 König Friedrich starb, ohne vorher die Thronfolge seinem Sohne Christian gesichert zu haben, und nun vom dänischen Reichsrathe, welcher sich einstweilen im alleinigen Besitze der Gewalt sah, ein förmlicher Allianzvertrag mit Marie, der Statthalterin der Niederlande, abgeschlossen wurde.

Das freilich hieß die Langmuth Lübecks auf eine zu harte Probe stellen. Hier hatte inzwischen Wullenwever das Heft selbst in die Hand genommen. Am 21. Februar 1533 war er in den Rath gewählt; am 8. Mai wurde er zum Bürgermeister ernannt und einige Wochen später, bald nach dem Tode Friedrichs I, finden wir ihn bereits in Kopenhagen, wohin er, wie Chytraeus sagt, „als sein eigener Gesandter"[336] gegangen war, um den Reichsrath an frühere Verabredungen zu erinnern und ihn womöglich zur Theilnahme an dem Seekriege zu bewegen, welchen Lübeck so eben mit voller Kraft gegen die Holländer eröffnet hatte. Aber darauf war nicht mehr zu hoffen; schon am 14. Juli wurden die Vollmachten für die dänischen Unterhändler ausgefertigt, welche später am 9. September das Bündniß mit der Statthalterin zu Gent abschlossen.[337]

Vor Wuth knirschend verließ Wullenwever nach einem Aufenthalte von zehn bis eilf Wochen die dänische Hauptstadt und begab sich nach Lübeck zurück. Die Zeit, welche er in Kopenhagen zugebracht, hatte einen entscheidenden Einfluß auf ihn ausgeübt. Denn es war ihm deutlich geworden, daß Dänemark sich in dem Zustande äußerster Schwäche befand und daß sich sowohl in Folge des Zwischenreiches als auch durch die kirchlichen Bewegungen unter den verschiedenen Schichten der dortigen Bevölkerung ein Zwiespalt gebildet hatte, welcher im Falle eines auswärtigen Krieges jedem Feinde von vorneherein ein entschiedenes Uebergewicht verschaffen würde. Der Bürger war aufgebracht gegen den Adel, weil dieser sich den Vortheil der Kaufmannschaft anmaßte; argwöhnisch verfolgte man den Reichsrath in seinen Bestrebungen, welche nicht undeutlich auf eine Beschränkung der städtischen Rechte und auf eine Wiedereinführung der bischöflichen Ansprüche hinzielten. Namentlich hatten die beiden Bürgermeister Ambrosius Bogbinder in Kopenhagen und Jürgen Kock in Malmoe eine solche Abneigung gegen den Reichsrath, daß sie die lebhafteste Sehnsucht nach der Wiederkehr der Herrschaft des gefangenen Königs Christian an den Tag legten.[338]

Diese Umstände brachten den leicht erregbaren Wullenwever zu dem Plane, einen Kampf gegen Dänemark zu wagen; er gedachte sich zum Herrn des Sundes zu machen, um von dort aus der nordischen Welt seine Befehle zugehen zu lassen, zugleich aber auch um die neuen kirchlichen Lehren, so weit seine Macht reichte, zu beschützen. Fast ein volles Jahr verstrich noch, bevor Wullenwever an die Ausführung dieses Unternehmens denken konnte. Verschiedene Ereignisse, welche während der Zeit eintraten, trugen nur dazu bei, ihn in seinen Absichten zu bestärken.

Unter den Vertrauten Wullenwevers, welche auf diese und andere seiner Entschlüsse nicht ohne Einfluß geblieben sind, werden uns zwei Personen genannt, der Doctor Oldendorp aus Hamburg, „ein Mann von reichen Kenntnissen, aber schlechtem Lebenswandel und unstillem Gemüthe",[339] welcher im Jahre 1533 zum Syndicus in Lübeck erwählt wurde, und vornehmlich der Schiffshauptmann Meier.

Marcus Meier ebenfalls aus Hamburg gebürtig, wo er ursprünglich Grobschmid gewesen, hatte später nach manchen abenteuerlichen Fahrten in Lübeck Kriegsdienste genommen und war hier durch seinen Muth und seine militärische Tüchtigkeit zu hohem Ansehen gelangt. Daneben lenkten sein keckes Auftreten, sein glänzender Anzug, seine Jugend und Schönheit bald die Augen der jungen Bürgerfrauen auf ihn; eine Heirath mit der reichen Wittwe des so eben verstorbenen Bürgermeisters Lunte war rasch geschlossen und somit dem Hauptmann Marx die Aussicht auf ein sorgenfreies und ruhiges Leben eröffnet; um Pfingsten 1533 fand seine Hochzeit statt. Aber schon wenige Zeit darauf zog es den Neuvermählten wieder hinaus. Bei dem Kriege, welchen Wullenwever im Frühjahr 1533 gegen die Holländer unternommen, durfte Marx nicht fehlen; ein Geschwader wird seinem Befehl übergeben, und auf die Kunde, daß an der englischen Küste vier und zwanzig holländische Kauffahrer lägen, segelt er mit seinen Schiffen in die Nordsee, bemächtigt sich zweier Holländer, welche englische Waaren geladen hatten, sieht sich aber bald darauf wegen Mangels an Lebensmitteln genöthigt, in England ans Land zu gehen. Kaum sind zwei Tage verstrichen, so wird er hier angehalten, weil er keinen Geleitsbrief vorzeigen kann, wird nach London gebracht und soll bereits in den Kerker geworfen werden, als ein wunderbares Zusammentreffen von Umständen ihn nach Verlauf einiger Zeit statt in den Tower an den Hof von Windsor zum König Heinrich VIII führt, welcher den Lübecker Kriegsmann am 8. November zum Ritter schlägt, ihn mit der goldenen Kette schmückt und ihm eine ansehnliche Summe Geldes als Jahrgehalt aussetzt.[310]

Um den Schlüssel zu diesen räthselhaften Begebenheiten zu finden, erinnere man sich, daß Heinrich VIII eben damals durch die Scheidung von seiner ersten Gemalin Katharina von Arragon und durch die Heirath mit Anna Boleyn in die feindlichste Stellung zum römischen Hofe und zum Kaiser Karl V gerathen war. Das Bedenkliche dieser Lage rief nun in dem Könige den Gedanken hervor, mit einigen auswärtigen Mächten, unter anderen auch mit den Hansestädten ein Freundschaftsbündniß zu schließen, um so dem Kaiser und dem Papste gegenüber nicht völlig isolirt dazustehen.[341] Gerade zur selben Zeit, wo ein derartiger Entwurf im englischen Kabinette ausgearbeitet wurde, traf Marcus Meier als Gefangener in London ein. Sofort verwandten sich die dortigen hanseatischen Kaufleute für ihn und setzten es zunächst durch, daß man aus Lübeck genauere Nachrichten über ihn einzog. Ob dann Meier es ihrer weiteren Vermittlung oder seiner eigenen Gewandtheit zu danken gehabt hat, daß er bald darauf beim Könige Gnade fand und daß Heinrich, statt den einflußreichen Lübecker Capitain zu bestrafen, ihn an sich heranzog, das Alles ist bis heute dunkel. Nur so viel läßt sich mit ziemlicher Sicherheit behaupten, daß Meier seinen Aufenthalt in London und seine Bekanntschaft mit dem Könige, dessen Pläne ihm nicht verborgen blieben, benutzte, um Heinrich zur Theilnahme an dem Unternehmen Lübecks gegen Dänemark zu überreden. Die Antwort, die er hierauf vom Könige erhielt, lautete freilich zurückhaltend; indessen zeigte sich dieser doch nicht abgeneigt, weitere Verhandlungen mit Lübeck anzuknüpfen und sprach zugleich den Wunsch aus, daß zu dem Ende eine Gesandtschaft mit geeigneten Vollmachten an ihn abgeschickt werde.[342]

So brachte Marcus Meier, als er im Januar 1534 wieder in Lübeck einzog, seinem Freunde Wullenwever statt holländischer Siegstrophäen die Hoffnung zu einem Bündnisse mit der Krone England. Bald darauf langte der Doctor Lee als Abgeordneter Heinrichs VIII in Deutschland an, wandte sich an Hamburg, Lübeck, Wismar, Rostock und Stralsund, wie der Lübecker Chronist sagt, „wegen einer Verbündnuß und Beipflichtung wider den Papst,“[343] und hatte die Genugthuung, zu sehen, daß noch im Frühjahre 1534 außer einer Hamburger Gesandtschaft auch drei Lübeckische Bevollmächtigte nach England abgingen, welche Letzteren die von Meier angeregte Verbindung mit dem Könige nach Kräften zu betreiben suchten. Ein eigentlicher Vertrag kam freilich auch jetzt noch nicht zwischen Lübeck und dem vorsichtigen Heinrich VIII zu Stande; indeß ließ dieser sich doch bewegen, der Stadt im Monat August die Summe von 20,000 Goldgulden vorzustrecken.[344]

Und damit war den Lübeckern für den Augenblick hinlänglich gedient. Denn der Krieg gegen Dänemark hatte bereits begonnen und machte einen großen Kostenaufwand erforderlich, da der Feind sowohl zu Lande als auch zur See beschäftigt werden mußte.

Der ursprüngliche Plan Wullenwevers mag dahin gerichtet gewesen sein, Dänemark anzugreifen und zugleich den holländischen Krieg fortzusetzen. Noch im März des Jahres 1534, wo durch die Vermittlung Hamburgs in dieser Stadt ein glänzender Congreß zu Stande gekommen war, an welchem nicht nur Wullenwever und die Abgeordneten der Seestädte, sondern auch die Holsteiner und Niederländer sich durch ihre Gesandten betheiligt hatten, gingen die Forderungen der Letzteren und die der Lübecker so weit auseinander, daß anfangs an einen friedlichen Vergleich nicht zu denken war. Die Holländer verlangten, daß das Meer jedem frei sein sollte: „der Kaiser sei entschlossen, die freie Ostseefahrt der Niederländer aufrecht zu erhalten, ob es ihn auch vier oder fünf Königreiche kosten möge.“ Dagegen wollten die Lübecker Ersatz ihrer Schäden und wollten nur unter der Bedingung davon abstehen, daß die Niederländer sich begnügten, nicht mehr als einmal des Jahres mit beladenen Schiffen und zwar ohne Stapelgüter durch den Sund zu segeln. Indeß Wullenwever stand allein da mit seinen Vorschlägen; keine der übrigen Städte wollte ihn unterstützen. Hamburg drang auf Beilegung der Feindseligkeiten. So mußte er denn endlich die Hand zum Frieden bieten: ein Waffenstillstand auf vier Jahre kam zwischen Lübeck und den Niederländern zu Stande.[345]

Nach diesen Vorgängen konnte Wullenwever desto ungehinderter an den Krieg mit Dänemark denken. Reiter und Fußknechte wurden nun in Menge angeworben, alle Orlogsschiffe in Stand gesetzt. Die Führung des Heeres übernahm der Graf Christof von Oldenburg, ein Anverwandter Königs Christian II, der als solcher die Sache der Lübecker bereitwillig zu der seinigen machte, da Wullenwever noch immer vorgab, daß der ganze Feldzug nur der Befreiung des gefangenen Königs gelte. Bei den Seestädten zeigte sich anfangs wenig Theilnahme für den Krieg, weil hier überhaupt ein heftiger Widerwille gegen die in Lübeck vorgegangenen inneren Bewegungen herrschte. Erst nachdem der Doctor Oldendorp, „das kleine Männchen, das aber groß war in der Schalkheit,“[346] seine Rundreise an den Ostseeküsten unternommen und die Bürger zum Umsturz der alten städtischen Verfassungen angereizt hatte, schlossen sich die wendischen Städte den Lübeckern an und stellten Schiffe und Mannschaften.

Mitte Mai nahmen die Feindseligkeiten ihren Anfang. Da König Christian auf einem dem Herzoge von Schleswig-Holstein zugehörigen Schlosse als Gefangener gehalten wurde, so begann man zunächst mit einem Einfalle in dessen Gebiete. Trittau ward besetzt, Plön gebrandschatzt, das Kloster Reinbeck verbrannt, Segeberg belagert. Auch Eutin wurde genommen, weil man in Lübeck auf die Güter des Hochstiftes Ansprüche erhob. An Widerstand war so leicht nicht zu denken, da die Holsteiner sich keines Angriffs vermuthet hatten und weil überhaupt das ganze Unternehmen so geheimnißvoll betrieben war, daß selbst in Lübeck fast Niemand außer den dortigen Gewalthabern den eigentlichen Zweck desselben kannte.[347]

Am 19. Juni ging auch die Flotte unter dem Befehle des Grafen Christof von Travemünde aus in See. Mit den beiden Bürgermeistern Bogbinder und Kock waren die nöthigen Verabredungen getroffen worden; Malmoe stand bereits in vollem Aufruhre und nachdem die Lübecker bei Skovershoved, etwas nördlich von Copenhagen, gelandet waren, brach es auch in Seeland furchtbar los. Die Schlösser des Adels wurden überfallen, der bischöfliche Hof in Rothschild geplündert und am 16. Juli öffnete Copenhagen dem Grafen die Thore. Ganz Seeland und Schonen so wie Laland, Langeland und Falster huldigten wieder dem gefangenen Könige.[348]

Aber während hier die glänzendsten Erfolge das Unternehmen Wullenwevers krönten, sah er sich daheim plötzlich vom Glück verlassen. Nachdem sich der erste Schrecken der Holsteiner gelegt, hatte Herzog Christian sofort die ganze Kraft des Landes so wie die Hülfe befreundeter Fürsten aufgeboten, um den feindlichen Ueberfall zu rächen, und um demnächst sein Anrecht an den dänischen Thron sicher zu stellen. Bereits zu Ende Juni war Eutin wiedergewonnen, Segeberg befreit und Travemünde durch den erfahrenen Johann Rantzau besetzt. Dann trat eine kurze Waffenruhe ein, aber schon im August kam es zu neuen Feindseligkeiten und Mitte Oktober stand Herzog Christian mit seinem siegreichen Heere vor den Mauern Lübecks, jeden Augenblick bereit einen Sturm auf die Stadt zu unternehmen.

Dazu wollten die Einwohner es indeß nicht kommen lassen. Eine Partei von Unzufriedenen, welche in Wullenwever den Haupturheber dieses Unglückes erkannten, forderten jetzt nicht nur die Bürgerschaft zur Wiederherstellung der alten Verfassung auf, sondern vermochten auch den Rath, mit den Holsteinern neue Unterhandlungen anzuknüpfen. So kam am 17. November 1534 in dem nahegelegenen Stockelsdorf zwischen dem Herzoge und den Lübeckern ein Friede zu Stande, wonach den Letzteren zwar freigestellt wurde, den Krieg in Dänemark wegen Befreiung Christians II fortzusetzen, doch sollten die Feindseligkeiten zwischen ihnen und Holstein ein Ende haben.[349] Inzwischen war auch in der Stadt ein völliger Umschwung der Dinge eingetreten. Schon fünf Tage vor dem Abschlusse des Stockelsdorfer Friedens hatten die Vierundsechsziger so wie der Ausschuß der Hundert abgedankt; verschiedene der älteren Rathsherren, welche im Monate März durch Wullenwever zum Austritte gezwungen worden waren, erhielten ihre Stellen zurück und das Regiment der Stadt lag wieder in der Hand des Rathes.

Von jenem Tage an sank das Ansehen Wullenwevers. Die Gemeinde, aus welcher er hervorgegangen und welche ihn gehoben hatte, verlor jetzt jeden Antheil an der Herrschaft, mithin verlor auch er die Hauptstütze seiner Macht. Daß er aber diese Demüthigung der Bürgerschaft ruhig geschehen ließ, verringerte zugleich das Vertrauen, welches er früher bei derselben genossen hatte. Seinen Gegnern wurde es von nun an nicht schwer, den Sturz des verhaßten Emporkömmlings allmählig herbeizuführen.

Wohl sah Wullenwever selbst sein Werk noch keineswegs als gescheitert an, zumal da Rath und Bürgerschaft in Lübeck sich eben jetzt von Neuem zur Fortsetzung des dänischen Krieges verpflichteten. Verhandlungen, welche er schon seit Langem mit einem norddeutschen Reichsfürsten, dem Herzog Albrecht von Mecklenburg, angeknüpft hatte, um denselben zur Theilnahme an seinem Unternehmen zu bewegen, führten gleichfalls gerade in diesem Augenblicke zu einem günstigen Erfolge.

Der Herzog, obgleich selbst ein eifriger Bekenner des katholischen Glaubens, ließ sich durch seinen Ehrgeiz zu dem Versprechen bestimmen, ein Hülfscorps nach Dänemark zu schicken, wogegen ihm von Wullenwever die Aussicht eröffnet wurde, daß er bei Lebzeiten Christians II Regent des Reiches und nach dessen Tode König von Dänemark werden sollte.[350] Auch noch vor Schluß des Jahres gelang es dem verwegenen Marcus Meier, welcher gleich nach der Befreiung Lübecks mit einigen Fähnlein nach Schonen aufgebrochen war, dort Alles von Neuem in Bewegung zu bringen und sich im März 1535, nachdem er bereits selbst in Gefangenschaft gerathen war, durch List zum Herrn von Warberg in Halland zu machen, eben desjenigen Schlosses, welches man ihm als Kerker angewiesen hatte.

Aber schon erhob sich im ganzen Dänenreiche eine immer mächtiger werdende Partei für den Herzog Christian von Holstein, der bereits im August 1534, noch ehe er Lübeck belagert, zu Horsens in Jütland die förmliche Wahl zum dänischen Könige entgegengenommen hatte. Schon war auch Gustav Wasa, der seine eigene Herrschaft durch Wullenwever gefährdet sah, öffentlich für den Herzog Christian aufgetreten und hatte erklärt: „Man könne nicht leiden, daß die Lübecker die drei guten alten nordischen Reiche wie ihre Kramwaare feilböten."[351]

Unter solchen Umständen glaubte Christian nicht zögern zu dürfen, seine Ansprüche auf den dänischen Thron mit den Waffen zur Geltung zu bringen. An der Spitze seines Heeres zog er sofort nach Jütland und bemächtigte sich noch im December Aalborgs, wodurch die ganze Provinz zum Gehorsam gebracht wurde. Fast gleichzeitig rückten schwedische Hülfsvölker in Schonen ein, um hier die durch Marcus Meier aufgeregte Bevölkerung im Zaum zu halten. Am 13. Januar 1535 kam es unter den Mauern Helsingborgs zu einem Treffen, welches siegreich für die Schweden endete. Hier war es auch, wo Marcus Meier gefangen wurde. Im Monat März setzte dann ein Theil des holsteinschen Heeres unter Rantzaus Führung von Jütland nach Fünen über, schlug zwischen Odensee und Middelfahrt einen Haufen von aufgebotenen Bauern in die Flucht und zog darauf vor Assens, um diese Feste zu belagern und zugleich von dort aus auf der ganzen Insel die Ordnung wieder herzustellen.[352]

So brach unter Rüstungen und kriegerischen Vorbereitungen aller Art das Frühjahr 1535 an, welches diese nordischen Wirren endlich lösen sollte. Einen Anblick wie damals hatte die baltische Welt seit Langem nicht dargeboten. Während bereits im Sunde und in allen dänischen Gewässern und Inselstraßen die Wimpel von zahlreichen hanseatischen Orlogsschiffen wehten, wurden in den Häfen von Lübeck, Rostock und Stralsund noch immer neue Kriegsfahrzeuge ausgerüstet. Zu Anfang April schiffte sich Herzog Albrecht von Mecklenburg in Warnemünde ein mit seinem Hofstaate und seinen Landsknechten und Reitern, um nach Copenhagen überzusetzen, wohin bereits früher der Graf Johann zur Hoya mit Reiterei und Fußvolk abgegangen war. Bald darauf brachte ein anderes Lübecker Geschwader von zehn Schiffen einen neuen Bundesgenossen Wullenwevers, den Grafen Nikolaus von Teklenburg mit seinem kriegerischen Gefolge nach Fünen und legte sich in den Middelfahrtsund, um die Verbindung zwischen der Insel und dem Festlande zu sperren.[353] Schon glänzte aber auch im Osten das schwarzweiße Banner der preußischen Flottille, welche der Herzog Albrecht von Preußen seinem Schwager dem Herzog Christian zu Hülfe sandte und zu Ende Mai vereinigten sich bei Gothland die dänischen und schwedischen Schiffe unter dem Oberbefehle des kühnen Admirals Peter Skramm, um demnächst gemeinschaftlich die Feindseligkeiten zur See zu eröffnen. Nicht minder regte es sich aller Orten auf dem Festlande und den dänischen Inseln, wo von Nah' und Fern in bunter Mischung die verschiedenartigsten Kriegsvölker zusammengeführt waren. In Jütland und vor Assens standen die holsteinischen Truppen, denen sich einige hessische Fähnlein angeschlossen hatten. Ein Theil von Fünen und die übrigen Inseln waren besetzt mit deutschen Landsknechten und Reitern aus Niedersachsen, Westfalen, Mecklenburg und den wendischen Städten. In Schonen hausten die Schweden; nur Malmoe und Landskrona wurden noch durch deutsche Besatzungen gehalten, und auf dem fernen Warberg saß Marcus Meier wohlverschanzt, mit Munition und Lebensmitteln von Lübeck aus hinlänglich versehen und dabei noch immer die hochfliegendsten Pläne spinnend, durch welche er seinen Gönner Heinrich VIII zur Uebernahme von Warberg, Malmoe, Landskrona, Helsingör und Copenhagen zu vermögen und so mit ins Spiel zu ziehen suchte.[354]

Das erste feindliche Zusammentreffen fand zur See statt. Auf der Höhe von Bornholm geriethen am 9. Juni die vereinten dänischen, schwedischen und preußischen Flotten mit den Lübecker, Stralsunder und Rostocker Geschwadern in einen Kampf, welcher jedoch ohne weiteren Erfolg blieb, da bald nach Beginn des Treffens sich ein heftiger Sturm erhob, wodurch die Schiffe wieder auseinander getrieben wurden. Zu einer entscheidenden Schlacht kam es erst zwei Tage später auf Fünen bei dem Ornebirg unweit Assens, wo Rantzau durch sein Feldherrntalent und besonders durch die Trefflichkeit seiner Reiterei und des Geschützes einen glänzenden Sieg über den Grafen von Hoya davontrug.

Die Folgen dieser Schlacht, bei welcher weder Wullenwever, noch der Graf Christof von Oldenburg noch Herzog Albrecht von Mecklenburg zugegen gewesen waren, machten sich bald bemerkbar. Es erfüllte sich das Wort, welches Wullenwever schon Jahrs zuvor, damals noch im vollen Siegen begriffen, gegen den Herzog Albrecht ausgesprochen hatte, „daß es leichter sei, Dänemark zu erobern, als zu behaupten.“[355] Denn nicht allein Fünen, auch Seeland und Schonen verließen nach der Niederlage bei Ornebirg sofort die Sache des Bürgermeisters und huldigten ihrem neuen Könige Christian III. Nur Copenhagen, Malmoe und einige kleinere Städte versagten dem Könige die Huldigung und schickten sich zur Vertheidigung an.

Wullenwever stand jetzt am Ende seiner Laufbahn. Schon die nächsten Wochen raubten ihm den letzten Einfluß, welchen er bis dahin noch in Lübeck besessen hatte. Auf einem Hansatage, welcher am 10. Juli in Lüneburg eröffnet und bald darauf nach Lübeck verlegt wurde, nahmen die Abgeordneten von Danzig, Köln und Bremen keinen Anstand, ihren längst gehegten Unwillen gegen das Regiment des Lübecker Bürgermeisters offen auszusprechen. Die verschiedenartigsten Anklagen, oft freilich recht kleinlicher Natur, wurden hier gegen Wullenwever und insbesondere gegen die Eigenmächtigkeit vorgebracht, mit welcher Lübeck seine Ansprüche den übrigen Bundesgenossen gegenüber habe durchsetzen wollen. Nur einen schwachen Rückhalt fand die Stadt noch an Wismar, Rostock, Stralsund, an Braunschweig und an Hamburg, welches in Gemeinschaft mit Lüneburg hier wiederum das Geschäft der Vermittlung übernommen hatte.[356]

Aus der Stille der selbstgewählten Verbannung tritt jetzt auch Nicolaus Brömse wieder hervor. Bereits im Sommer 1531 hatte er sich an den Hof Karls V nach Brüssel begeben, war von diesem zum Ritter geschlagen, bald darauf zum kaiserlichen Hofrathe ernannt und mochte von hier aus mit tiefer Entrüstung aber aufmerksamen Blickes dem Laufe der Ereignisse gefolgt sein, welche in raschem Wechsel über seine Vaterstadt dahingezogen waren. Jetzt glaubte er, daß es an der Zeit sei, den Kaiser zu einem entschiedenen Einschreiten zu bewegen: vom Reichskammergerichte erging der Befehl an Lübeck, binnen einer bestimmten Frist alle Neuerungen abzustellen, Brömse und die übrigen verdrängten Rathsherren wieder in ihre früheren Aemter einzusetzen, widrigenfalls die Stadt in die Acht gethan würde.[357]

Während noch die Tagefahrt in Lübeck beisammen war, langte dieser Befehl dort an. Ein Ausschuß wurde sogleich zur Berathung über die Annahme des Mandates niedergesetzt.

Er entschied sich dafür, daß den Vorschriften des Reichskammergerichts unbedingt Folge zu leisten sei. Schon am 16. August dankten die neugewählten Rathsmitglieder ab, mit Ausnahme Wullenwevers, welcher gerade in jenen Tagen in Staatsgeschäften nach Mecklenburg gereist war. Am 26. August leistete die Gemeinde dem Rathe, als der ordentlichen Obrigkeit, das Versprechen der Treue und des Gehorsams, wogegen sich dieser verpflichtete, die Lehre des Evangeliums in der Stadt und deren Gebiete unverändert bis auf ein künftiges Concil zu lassen; und zwei Tage später, am Sonntag den 28. August hielt Brömse in Begleitung der Gesandten von Köln und Bremen und zahlreicher Freunde seinen feierlichen Einzug in Lübeck. Inzwischen war auch Wullenwever von seiner Reise zurückgekehrt und hatte bald erkannt, daß ein Widerstand gegen die neue Ordnung der Dinge nicht rathsam sei. Er folgte dem Beispiele seiner Amtsgenossen und dankte ab. Als Entschädigung wurde dem gestürzten Bürgermeister die Anwartschaft auf die Amtmannsstelle in Bergedorf zugesagt; damit hoffte man ihn zufrieden gestellt zu haben.[358]

Aber wo hätte der Mann Ruhe finden sollen, der erst unlängst den Fuß zur Herrschaft diesseits und jenseits des Sundes angesetzt und sich vermessen hatte, zweien Königen den Fehdehandschuh hinzuwerfen, um Skandinavien Gesetze vorzuschreiben. Noch war trotz mannigfacher Unterhandlungen ein Friede zwischen Lübeck und dem Dänenreiche nicht festgestellt; noch hielten sich in Copenhagen der Graf von Oldenburg und Herzog Albrecht. Die Versuchung lag daher für Wullenwever nahe, durch eine neue Schilderhebung von Lübeck aus die beiden Fürsten zu unterstützen. Ob ein solcher Plan wirklich in ihm aufgekommen, bleibt ungewiß wie auch der Zweck der Reise, welche er im Herbste 1535 nach dem Lande Hadeln unternahm. Dort standen damals einige Haufen Landsknechte unter dem Befehle des Hauptmanns Ubelacker, welche im Namen des Grafen von Oldenburg zusammengebracht waren. Zu denen machte Wullenwever sich auf, wie es heißt, um mit ihnen zu unterhandeln. Seine Freunde hatten ihn von dieser Reise abzuhalten gesucht, weil sein Weg ihn durch das Gebiet des Erzbischofs von Bremen, eines seiner heftigsten Gegner führte.[359] Jedoch dem unbesonnenen Manne war nicht zu rathen. Kaum hatte er das Gebiet des Erzbischofs berührt, als er auch sofort verhaftet und auf das Schloß Rothenburg geführt wurde. Umsonst verwandte sich der König Heinrich VIII beim Hamburger und Bremer Rathe so wie beim Erzbischof, um die Freilassung Wullenwevers, seines „getreuen und geschätzten Freundes" zu erlangen.[360] Als sein Bruder Joachim, der damals Rathsherr in Hamburg war, den Erzbischof um die Gründe der Verhaftung befragte, erhielt er von diesem kurz zur Antwort, daß Jürgen Wullenwever, der vorsätzlich und muthwillig wider Gott, den Kaiser und die geistliche Obrigkeit zu Lübeck gehandelt und ohne Geleit in seinem Lande übernachtet habe, von ihm als Fürsten des Reiches gefangen genommen sei, und daß die weiteren Gründe der Verhaftung seiner Zeit an den Tag kommen sollten.[361]

Es wurde nun jenes peinliche Verfahren gegen Wullenwever

eingeleitet, welches bei Vielen schon damals eine solche Theilnahme weckte, daß selbst Maria die Regentin der Niederlande sich veranlaßt sah, wenigstens die Ueberantwortung des Gefangenen an einen kaiserlichen Statthalter zu fordern, um ihn so vor ein würdigeres Gericht zu bringen.[362] Aber die zahlreichen Gegner des jüngst noch allgemein gefürchteten Bürgermeisters wollten jetzt, wo ihnen die Gelegenheit zur Rache geboten war, von keiner Schonung etwas wissen. Eine Reihe von Bekenntnissen, die Wullenwever theils freiwillig, theils auf der Folterbank abgab, wurden von seinen Feinden ausgebeutet, um ihn als todeswürdigen Verbrecher hinzustellen. Da der Erzbischof von Bremen als geistlicher Herr seine Hand zu dem blutigen Gerichte nicht bieten wollte, so übergab er den Gefangenen im Frühjahre 1536 seinem Bruder dem Herzog Heinrich von Braunschweig, welcher ihn von Rothenburg auf sein Schloß Steinbrück führen ließ. Die Gesandten Lübecks und des Königs Christians III erhoben nun die Anklage. Am 24. September 1537 wurde Wullenwever auf dem Richtplatze bei Wolfenbüttel enthauptet, sein Leib demnächst geviertheilt und auf vier Räder gesteckt.[363]

Ein Zeitgenosse dieser Begebenheiten Hermann Bonnus der Lübecker Superintendent läßt sich über Wullenwever folgendermaßen aus: „Es ist Jürgen Wullenwever von Natur nicht ein ungeschickter Mann gewesen, wenn er es zum Besten hätte brauchen können; denn es sind die vornehmsten und größten Gebrechen an ihm gewesen, daß er ganz unbeständig war in dem was er sich vornahm und daß er jedem seiner Anhänger Glauben schenkte dazu aber im Rathe Niemanden für gut hielt, und wollte Alles nach seinem Kopfe haben und hat dem Marcus Meier mehr gehört und gefolgt, denn was der ganze Rath für gut ansah, deshalb hat er zum Letzten gröblich anlaufen müssen. Es ist dies Exempel der Obrigkeit und sonderlich den Bürgermeistern in den Städten wohl zu merken, darum sie gewarnt und gelehrt werden, daß sie mit den ordentlichen erwählten Rathsherren in allen das Regiment belangenden Sachen sich berathen und nicht durch leichtfertige lose Leute außerhalb des Rathes überreden und verführen lassen, als dem Jürgen Wullenwever von Marcus Meier widerfahren ist, denn es können solche unordentliche Praktiken und Rathschläge endlich nicht wohlgerathen."

Als Wullenwever gerichtet wurde, war die Ruhe in Dänemark hergestellt. Am 14. Februar 1536 hatte Christian III mit Lübeck einen Frieden abgeschlossen, welcher die Stadt verpflichtete, den Feinden des Königs keinen weiteren Vorschub zu leisten, wogegen ihr die alten Handelsprivilegien gelassen und ihr der Besitz Bornholms auf funfzig Jahre eingeräumt wurde. Im Mai desselben Jahres übergab Marcus Meier nach muthiger Vertheidigung sein Schloß Warberg den Dänen, erhielt für sich und die Seinigen freien Abzug, wurde aber dessenungeachtet von seinen Feinden vors Gericht gezogen und am 17. Juni nebst seinem Bruder Gert enthauptet. Schon früher hatte Malmoe capitulirt und am 29. Juli ergab sich auch Copenhagen. Die beiden fürstlichen Vertheidiger Graf Christof und Herzog Albrecht erhielten freien Abzug. Auch der Bürgermeister Bogbinder wurde begnadigt. Der Doctor Oldendorp, welcher bald nach Wullenwevers Sturze

Lübeck verlassen hatte, ging später als Professor der Rechte nach Marburg, wo er im Jahre 1567 gestorben ist.

So endete ein Unternehmen, dem von Anfang an weder Lübeck noch seine Verbündeten gewachsen waren. Es ist dies der letzte Kampf der Hansa gegen Dänemark, der letzte Waffengang, zu dem überhaupt die Städte sich entschlossen haben. Denn die politische Bedeutung des Bundes schwand von nun an mehr und mehr und damit ging auch seine Macht zu Grunde. Noch im Jahre 1558 wurde der kühne Plan entworfen, Livland für die Hansa zu erobern; aber der Entwurf blieb unbeachtet; die alte Thatkraft war gebrochen. Einen Krieg, den Lübeck im Jahre 1563 gegen Schweden unternahm, mußte die Stadt sieben Jahre hindurch allein führen, ohne bei den Bundesgenossen irgend welche Hülfe zu finden. Von da ab wagte auch Lübeck sich nicht mehr in einen auswärtigen Kampf einzulassen.

Ungehindert fing Dänemark jetzt an, die „Goldgrube" seines Sundzolls in reichem Maße auszubeuten. Mit glücklichem Erfolge strebte Schweden nach größerer Selbstständigkeit. Für die holländischen Frachtfahrer gab es keine Schwierigkeiten mehr, in die Ostsee vorzudringen. Als die Städte im Jahre 1603 mit dem Czaren Boris Godunow in Unterhandlung traten, um ihre alten Privilegien in Rußland wieder zu erhalten, wollte der Großfürst von dem Bestehen einer Hansa nichts wissen; nur den Lübeckern ertheilte er einen Freibrief.[361] In England ging seit dem Tode Heinrichs VIII für die Hanseaten ein Vorrecht nach dem andern verloren und bald machte sich nun auch in dem nordischen

Handelsgebiete der Umschwung geltend, welcher durch die Entdeckung der neuen Seestraßen und neuen Welten schon seit dem Ende des fünfzehnten Jahrhunderts angebahnt war. Vor der allgemein veränderten Weltlage vermochte der mittelalterliche Staat der Hansen nicht zu bestehen. Wohl rechnete man noch im Jahre 1603 mehr als funfzig Städte zum Bunde, aber nur vierzehn derselben betheiligten sich mit Sitz und Stimme und mit der Zahlung der Matricularbeiträge und höhnisch konnte damals bereits John Wheeler der altersschwachen Hansa nachsagen, „die meisten ihrer Zähne seien ausgefallen, die übrigen säßen nur noch lose.“[363]

Als im Jahre 1630 die Tagefahrt in Lübeck zusammentrat, zeigte sich eine solche Theilnahmlosigkeit unter den Mitgliedern, daß die drei Städte Lübeck, Hamburg und Bremen sich genöthigt hielten, ein eigenes Schutzbündniß unter sich einzugehen. Alle späteren Versuche, einen Bundestag nach alter Weise herzustellen blieben erfolglos. Die letzte Versammlung einzelner Städte fand im Jahre 1669 statt. Seitdem hat Lübeck keine hanseatische Tagefahrt wieder in seinen Mauern gesehen.

Anmerkungen und Zusätze.

1) Napierski, Index corp. histor.-diplom. Livoniae I. No. 112.
2) Schaffarick, slavische Alterthümer, herausg. von Wuttke I. 466.
3) Röpell, Gesch. Polens I. 295.
4) Montalembert, Leben der heiligen Elisabeth, übers. von Städtler 532 u. folg.
5) Dlugossi historiae Polonicae Lib. X. p. 109 seqq.
6) Voigt, Gesch. Preußens VI. 231 u. folg.
7) Ebendaselbst VI. 107 u. folg.
8) Ebendaselbst VI. 195.
9) Lucas David, Preuß. Chronik, herausg. von Schütz VIII. 108.
10) Dlugoss Lib. X. 190 seqq.
11) Voigt VII. 48.
12) Ebendaselbst 75 u. folg.
13) Lindenblatts Jahrbücher 218. Anmerkg. *
14) Dlugoss Lib. X. 238.
15) Erläutertes Preußen, 42stes Stück, Beschreibung der Tannenberger Schlacht. Voßberg, Banderia Prutenorum in den märkischen Forschungen VI.
16) Voigt VII. 97. Anmerkg. 4.
17) Lindenblatt 220.
18) Voigt VII 133 u. folg.
19) Lindenblatt 222 u. folg.
20) Ebendas. 239.
21) Voigt VII. 145 u. folg.
22) Ebendas. 215 u. folg

23) Lindenblatt 256.

24) Voigt VII. 559 u. folg.

25) Ebendas. 508.

26) Caspar Schütz, Preuß. Chronik 1592. S. 145 u. folg.

27) Lindenblatt 289. 305. 307. 310. 314. Voigt VII. 504 u. ff. 743 u. folg.

28) Dlugoss Lib. XI. p. 465 seqq.

29) Schütz, Preuß. Chronik, fünftes Buch.

30) Schütz, am Ende des siebenten Buches.

31) Riedel, zehn Jahre aus der Geschichte der Ahnherren des Preuß. Königshauses. S. 33. 38. 279 u. folg.

32) Dahlmann, Gesch. von Dänemark II. 54. — Suhm, historie af Danmark XIV. 22. — Jahn, Danmarks politisk-militaire Historie under Unionskongerne. S. 7.

33) Die Vitalienbrüder, von Voigt, im histor. Taschenb. v. Raumer; neue Folge, II. Jahrg. 1841.

34) Suhm XIV. 145.

35) Dahlmann, Gesch. von Dänemark II. 63 u. folg.

36) Sartorius, urkundl. Gesch. des Ursprungs der deutschen Hanse, herausg. von Lappenberg I. 161. Anmerkg. 1.

37) Grautoff, Lübeckische Chroniken I. 493 u. 494.

38) Ebendaselbst I. 360.

39) Ebendaselbst I. 362.

40) Ebendaselbst 368 u. folg.

41) Voigt, Gesch. von Preußen VI. 54.

42) Suhm XIV. 343 u. folg., nebst den bezüglichen Urkunden im Anhange.

43) Dahlmann, Gesch. von Dänemark II. 72.

44) Grautoff, Lüb. Chronik I. 386.

45) Ebendaselbst I. 391.

46) Ebendaselbst II. 614—663, wo der ausführliche Bericht des Chronisten Reimer Kock über den Aufruhr in Lübeck enthalten ist.

47) Reimer Kock bei Grautoff II. 662 zählt die 17 Rathsherren auf, welche im Jahre 1408 Lübeck verlassen haben. Hermann Korner (bei Eccard, corpus historicum medii aevi II. 1193) giebt nur 14 derselben an, Becker in der Gesch. Lübecks I. 332 u. 333

führt 19 Rathsherren auf, bemerkt aber dazu, daß einige früher, andere später ausgezogen sind. Ueber Hermann Korner s. die Abhandlung von G. Waitz im fünften Bande der Abhandlg. der Gesellsch. der Wissenschaft. zu Göttingen, die auch einzeln 1851 bei Dietrich erschienen ist.

48) Korner p. 1193.

49) Grautoffs Chron. II. 475 u. folg.

50) Ebendaselbst II. 11 u. folg.

51) Korner p. 1202.

52) Korner p. 1203.

53) Ebendaselbst p. 1215.

54) Becker, Gesch. von Lübeck I. 342.

55) Grautoff II. 663.

56) Dahlmann, Gesch. von Dänemark III. 101.

57) Ebendaselbst III. 102.

58) Waitz, Gesch. Schleswig=Holsteins I. 311.

59) Dahlmann, Gesch. von Dänemark III. 107.

60) Grautoff II. 364.

61) Sartorius=Lappenberg, urkundliche Gesch. der Hansa I. 86.

62) Lappenberg, hanseatisches Urkundenbuch, p. 144. 169. 170. 225. 238. 296. 313. 314. 347. 371.

63) Burmeister, Beiträge zur Gesch. Europas im 16. Jahrh., aus den Archiven der Hansestädte p. 106.

64) Berckmann, Stralsundische Chronik 163.

65) Statt 1417 ist hier 1418 zu lesen. Grautoff, Lübeck. Chronik II. 20 u. folg.

66) Ebendaselbst II. 666.

67) Ebendas. II. 32.

68) Wurm, eine deutsche Colonie und deren Abfall, I. Abtheilung: die Gründung in Schmidts allg. Zeitschr. für Geschichte V. 246. Werdenhagen, de rebuspubl. Hanseat. part. IV. cap. XI. p. 60. Nr. 73.

69) Werdenhagen l. c. Nr. 75.

70) Ebendaselbst Nr. 72 u. 79.

71) Ebendas. Nr. 77.

72) Pardessus, collection des lois maritimes II. 473.

73) Burmeister a. a. O. 107.

74) Dahlmann, Gesch. von Dänemark III. 125.

75) Grautoff, Lübeck. Chron. II. 41 u. 42.

76) Dahlmann, Gesch. von Dänemark III. 127.

77) Bei Korner p. 1276 heißt der Ort Geyzor, bei Rufus (Grautoff II. 42) Gesor; bei Ericus Olai (historia Succorum, edit. Messenius Lib. VI. p. 377) wird er Getzör genannt; in dem Lübecker Niederstadtbuche findet sich beim Jahre 1358 der Name Ghetzo (Pauli, Lüb. Zustände zu Anfang des 14. Jahrh. 216); in einer Urkunde vom Jahre 1431 wird der Name Geshore geschrieben (Burmeister, Beiträge 174). Der Ort heißt jetzt Geister, auf der Südspitze der Insel Falster. Burmeister bemerkt dazu, daß in älteren Zeiten die Abgeordneten der Städte gewöhnlich von Warnemünde zunächst nach Geister fuhren und von dort nach Seeland übersetzten.

78) Dahlmann, Gesch. von Dänemark III. 129.

79. 80 u. 82) Grautoff, Lüb. Chron. II. 45 u. 553: „De Schepe ut der Baye unde van der Wysel." Korner p. 1281 nennt sie naves Baycales.

81) Korner spricht von 36, Rufus von 46 Schiffen der bayischen Flotte, welche von den Dänen genommen seien.

83) Grautoff II. 555 u. Erichs Hanseatenkrieg von Dreyer, in Gadebuschs Pommerschen Sammlungen Heft I. 29. Anmerk.

84) Grautoff II. 44.

85) Barthold, Gesch. der deutschen Seemacht, in Raumers histor. Taschenbuche, 3. Folge, 1. Jahrg. 1850. p. 421.

86) Suhm XIV. 143.

87) Grautoff II. 44.

88) Ebendaselbst II. 553.

89) Ebendas. II. 45.

90) „..... unde leten by der Denen Schepe alse en Kerke vor ener Kus." Grautoff 554.

91) Dreyers Aufsatz in den Pommerschen Sammlungen I. 29. Anmk.

92) Grautoff II. 554.

93) „To hand toghen de Denen up ere Seghel unde leten dregen an de Schepe der Stede." Grautoff II. 45. W. Wattenbach hat mich

darauf aufmerksam gemacht, daß hier statt „dregen“ vielleicht „dreyen“ zu lesen ist.

94) von Melle, gründl. Nachricht von Lübeck S. 180.

95) Pommersche Sammlungen I. 29. Anmerk.

96) Detmars Chron. bei Grautoff II. 46 giebt die Zahl der gefallenen Dänen (?) auf 1300 an.

97) Voigt, Gesch. Preußens VII. 515.

98) Pommersche Sammlungen I. 34.

99) Burmeister, Beiträge 107. Note **)

100) Köhler bei Willebrandt, hanseat. Chronik p. 206.

101) Ebendaselbst p. 207.

102) Lappenberg, urkundl. Gesch. des hanseat. Stahlhofes in London pag. 45.

103) Rufus zum J. 1420 bei Grautoff II. 506.

104 u. 105) Lindenblatts Jahrb. S. 246. 255. 259. 300. 307. 314.

106) Rufus S. 540.

107) van Kampen, Gesch. der Niederlande I. 207.

108) Korner p. 1287 spricht von einem „portu regio Reveshol;“ der auch bei dem Fortsetzer Detmars vorkommt.

109) Grautoff II. 51 u. Korner l. c.

110) Grautoff II. 56 u. Korner p. 1298.

111) Schleswig-Holsteins Gesch. von Waitz I. 337 u. folg.

112) Ebendaselbst 334.

113) Erici Olai historia Suecorum, ed. Messenius p. 297.

114) Dahlmann, Gesch. von Dänemark III. 156.

115) Grautoff II. 69 u. Dahlmann III. 139.

116) Geijer, Gesch. von Schweden I. 204.

117) Dahlmann III. 159.

118) Ericus Olai p. 332.

119) Geijer I. 208.

120) Grautoff II. 80.

121) Geijer I. 208.

122) Ericus Olai 357 u. 358.

123) Geijer a. a. O.

124) Dahlmann, III. 172.

125) Grautoff II. 71.

126) v. Kampen, Gesch. der Niederlande I. 186 u. folg.

127) Grautoff II. 66.

128 u. 129) v. Kampen I. 205.

130) Grautoff II. 77, s. auch Index corp. histor. diplom. Livoniae I. 308. No. 1442.

131) Grautoff II. 83.

132) s. hanseatischen Receß vom Jahre 1412 in Pardessus collection des lois marit. II. 460.

133) Dahlmann, Gesch. von Dänemark III. 172, s. auch de Reedtz, répertoire des traités conclus par la couronne de Dannemarc pag. 46.

134) Dahlmann III. 173.

135) Ebendaselbst 172.

136) Die Vitalienbrüder, von Voigt. a. a. O.

137) »Pirata factus ex rege« sagt Ericus Olai von Erich p. 344.

138) s. den XVI. Artikel des hanseatischen Recesses vom Jahre 1447 bei Pardessus.

139) Grautoff II. 112.

140) Ebendaselbst II. 88 u. Dahlmann III. 174.

141) Ericus Olai p. 372.

142) Ebendaselbst p. 380.

143) Ebendaselbst p. 388.

144) Geijer I. 220.

145) Die Gesch. dieser schwedisch-novgorodschen Kriege ist am besten zusammengestellt in Lehrbergs Untersuchungen zur Erläuterung der älteren Gesch. Rußlands 163—236. Unter Anderen gedenkt auch Detmar gelegentlich dieser Kämpfe, so z. B. beim Jahre 1348 und 1349. Die Feste, um deren Besitz der Krieg sich damals hauptsächlich drehte, hieß Orechowez und war von den Novgorodern auf der Insel Orechow-Ostrow angelegt, eben dort, wo Peter der Große im Jahre 1702 Schlüsselburg erbaute. Der Name dieser Insel bedeutet so viel wie „Nußinsel," und findet sich in der schwedischen Benennung derselben „Nöteborg" wieder. Den letzteren Namen finden wir auch bei Detmar (Grautoff I. 270), während ihm die russische Benennung unbekannt zu sein scheint. Hingegen führt er uns einen dritten Namen für diese

Feste an, welcher bei keinem anderen Chronisten vorkommt. Er sagt nämlich, daß die Schweden gezogen wären „vor en Hus, dat Pekesar hetet unde in dudeschen Noteborch." Pekesar oder Pegesaar ist aber, wie Jacob Grimm mir gütigst mitgetheilt hat, die finnische Uebersetzung von Nußinsel (pëhkina die Nuß, saari die Insel) und ist noch heute bei den Finnen des Petersburgischen Gouvernements als Name für das neuere Schlüsselburg im Gebrauche.

146) Aeneas Sylvius Germania bei Schardius S. R. G. I. 232.

147) Michelsen, der ehemalige Oberhof in Lübeck und seine Rechtsansprüche.

148) Pauli, Lübeck. Zustände zu Anfang des 14. Jahrh. p. 64.

149) Pertz, Archiv der Gesellschaft für ältere deutsche Geschichtskunde VI. 526 u. 527. und Karamsin, Geschichte des russischen Reichs, deutsche Uebersetzung, Riga 1825. Thl. V. 228 u. 229.

150) Grautoff II. 347.

151) Grautoff I. 367 u. 368.

152) Grautoff II. 25.

153) Der hanseatische Receß vom Jahre 1430 bestimmte, daß alle drei Jahre um Pfingsten eine Tagefahrt in Lübeck abgehalten werden sollte, s. Werdenhagen l. c. part. IV. cap. XI. p. 57.

154) Burmeister a. a. O. 104.

155) Herrmann, Beiträge zur Gesch. des russischen Reiches 47 u. 48.

156) Arndt, liefländische Chronik II. 162.

157) Wurm, eine deutsche Colonie 236 u. folg.

158) Köhlerische Sammlung zum Jahre 1427 bei Willebrandt 207.

159) s. die Wappen im II. Bande von Sartorius Gesch. der Hansa.

160) Burmeister a. a. O. 28. Note ***)

161) Willebrandt 217.

162) Lappenberg, der Stahlhof 53 u. folg. Willebrandt 228.

163) Grautoff II. 383.

164) Nestor, russische Annalen, herausg. von Schlözer III. 67.

165) Ebendas. V. 140.

166) Mendelssohn, das germanische Europa 444.

167) Grautoff II. 403.

168) Voigt, Gesch. v. Preußen VI. 142 u. 143 aus hanseat. Recessen.

169) Burmeister a. a. O. 118 u. 119.
170) Ebendaselbst 92.
171) Lappenberg, hanseat. Urkundenbuch 276.
172) Ebendas. 391.
173) Karamsin V. 228.
174) Sartorius, Gesch. d. Hansa II. 453.
175) Hans. Urkundenb. 278, s. auch Willebrandt III. 104, wo die Summe schon auf »1500 Marck Riges« erhöht ist.
176) Grautoff I. 343. Willebrandt 202.
177) Sartorius Gesch. d. H. II. 456.
178) Willebrandt 206.
179) Ebendas. 237. Köhler ad a. 1487.
180) Willebrandt, Urkundenanhang 100, wo aber statt 1564 das J. 1514 und statt 1484 das Jahr 1494 zu lesen ist.
181) Willebrandt 237.
182) Karamsin VI. 209 u. folg.
183) Willebrandt 101. Urkund.
184) Karamsin VII. 64.
185) Wurm, eine deutsche Colonie; III. der Abfall in Schmidts histor. Zeitschrift VI. 392 u. folg.
186) Monumenta Livoniae antiquae II. Nyenstädts Chronik p. 33.
187) Mittheilungen aus dem Gebiete der Geschichte Liv-, Esth- und Curlands V. 224 und VI. 85 wonach sich noch bis zur Zeit der Reformation in Livland Spuren vom heidnischen Gottesdienste erhalten haben.
188) Werner Rolevinck de Westphalorum situ, moribus etc. 1602. p. 118. — Psalm 19. v. 5.
189) Arndt, liefländ. Chron. II. 104.
190) Sigismundi Herbersteini commentarii rerum Moscoviticarum in Starczewski historiae Ruthenicae scriptores I. p. 75[b].
191) Einen dankenswerthen Beitrag zur älteren Geschichte des livländischen Adels bildet das chronologisch-topographische und das alphabetische Verzeichniß der livländischen Ordensgebietiger in den Mittheilungen aus dem Gebiete der Gesch. Liv-, Esth- u. Curlands VI. 429—523.
192) Voigt, Gesch. v. Preußen VII. 708.

193) Index corp. hist.-dipl. Liv. II. 4. Nr. 1834.

194) Kelch, liefl. Historia. Reval 1695. p. 154.

195) Mittheilgn. aus dem Gebiete u. s. w. II. 255 u. folg.

196) Ebendas. II. 262 u. folg.

197) s. das Verzeichniß der Rig. Erzbischöfe im Index corp. hist. II.

198) Mittheilgn. a. d. Gebiete u. s. w. II. 265 u. folg.

199) Kallmeyer, Gesch. der Habitsveränderungen des Rigischen Domcapitels in den Mittheilungen aus dem Gebiete u. s. w. II. 199 u. folg.

200) Ebendas. 220.

201) Ebendas. 232 u. folg.

202) Index corp. hist. I. Nr. 1606. 1607. 1608. 1610. 1632. 1640. 1644. 1646. etc.

203) Kallmeyer, Gesch. u. s. w. 245.

204) Arndt, liefl. Chron. II. 137.

205) Ebendas. 139.

206) Bergmann, Gesch. des Kampfes zwischen Livlands Orden und der Geistlichkeit in Bergmanns Magazin für Rußlands Gesch.

207) Arndt, liefl. Chron. II. 156. Index corp. II. Nr. 2127.

208) Ebendas. 167.

209) Ebendas. 156 c.

210) Ebendas. 159.

211) Karamsin VI. 134.

212) Index corp. hist. II. die zu Nr. 2325 gehörende Anmerkg.

213) Ueber das Geschlecht der Plettenbergs s. Zeitschrift d. Vereins für Gesch. Westfalens VI. 349. u. den Aufs. von Seibertz über Plettenberg, welcher demnächst erscheinen wird, und welchen der Verfasser mir gütigst schon jetzt zur Benutzung mitgetheilt hat, und Oskar Kienitz die Schlachten bei Maholm und Pleskow, Riga 1848.

214) Index corp. hist. II. Nr. 2291.

215) Arndt, liefl. Chron. II. 183 ad a. 1520.

216 u. 217) Index corp. II. Nr. 2359.

218) v. Busse, Verhandlungen über Livland auf dem Reichstage zu Worms im J. 1495, in v. Bunges und Pauckers Archiv für die Gesch. Liv-, Esth- und Curlands VI. 58—67.

219) Köhler bei Willebrandt 241. zum Jahre 1498.

220) Ueb. d. Verhandlgn. Plettenbergs mit Schweden, Litthauen u. s. w. s. das Nähere in der angeführten Schrift von O. Kienitz.
221) Arndt, liefl. Chron. II. 175. Später scheinen nur Westfalen in Livland zugelassen zu sein, ebendas. II. 250.
222) Kienitz 38.
223) Ebendas. 33.
224) Nyenstädt 38. in Monumenta Livoniae II.
225) Strahl, Gesch. von Rußland II. 211.
226) Siegmund Freiherr von Herberstein, geschildert von F. Adelung 392 u. folg.
227) Kojalowicz hist. Lit. II. 295.
228) Statt Helmet muß hier Ermes stehen.
229) Karamsin VI. 243.
230) Index II. Nr. 2469 und Kienitz 55.
231) Ebendas. 52.
232) Ebendas. 56 u. 57.
233) Kelch 160.
234) Kienitz 60: „Thomas Horner (Scr. R. L. II. 385) sagt von Plettenberg: statura corporis erat procera ac plane heroica; vultus prae se fert nullam militarem ferociam sed eximiam quandam humanitatem.“ Die Büste Plettenbergs von Schwanthaler, welche in der Walhalla aufgestellt ist, zeigt ihn mit kühner Adlernase unter hoher Stirn und mit einem schönen vollen Barte.
235) Diesen Umstand führt Kienitz 50. aus handschriftl. Quellen an.
236) Arndt, liefl. Chron. II. 177.
237) Voigt, Gesch. von Preußen IX. 404.
238) Ranke, deutsche Gesch. im Z. d. Refor. Buch III. Kap. 4.
239) Gebser, Gesch. der Domkirche in Königsberg.
240) Luthers Briefe von de Wette II. 525—528.
241) Schütz, Preuß. Chron.
242) De Wette II. 649.
243) Baltische Studien, 2. Jahrg. 1833.
244) „Erasmus Mandüvel zelo avitae religionis ardens.“ Chytraei chronicon Saxoniae p. 287.
245) Brachmann, die Reform. in Livland, in den Mittheilgn. a. d. G. der Gesch. V. 23. Arndt, liefl. Chr. II. 185 u. 186. Anmerkg. k.

246) Cornelius, der Antheil Ostfrieslands an der Reformation 49.

247) Arndt a. a. O. 188. und Brachmann 32.

248) Brachmann 91.

249) Ebendas. 59 u. 60.

250) Georg von Brevern hat die Verhandlungen zu Rujen u. Wolmar im J. 1526 mitgetheilt in v. Bunges Archiv II. 93—130.

251) Brachmann 92, nach Grefenthals Chronik, die mir leider nicht zur Hand gewesen ist.

252) Brachmann 126.

253) Monumenta Liv. ant. IV. Urkunde Nr. 159.

254) Arndt, liefl. Chron. II. 174 u. 205.

255) Index corp. II. Nr. 2554.

256) Ebendas. Nr. 3012 u. 3013.

257) Arndt, liefl. Chron. II. 194.

258) Verhandlg. zu Rujen u. Wolmar in v. Bunges Archiv II. bes. p. 118.

259) Karamsin VII. 198.

260) Ebendas. 247 u. a.

261) v. Adelung, kritisch-literar. Uebersicht der Reisenden in Rußland bis 1700.

262) Civitates raro vi, aut impressione acriore expugnare, sed longe magis obsidione, homines fame aut proditione ad deditionem adigere solent; Herberstein bei Starczewski I. 35 a.

263) Ebendas. 35 b.

264) Ebendas. 35 a.

265) »Hora Ivan nostro Imperatore per il legger die molte istorie Romane, et altre, della quali e molto studioso et anco contigliato da molti capitani Thedeschi e Polachi fuorosciti si hà dato ad ogni avvantaggio ad imitatione di Romani, che per forza d'ingegno vinsero gia in battaglia ferocissime et terribilissime nazioni,« aus einem Berichte vom J. 1557, welcher dem Marco Foscarino zugeschrieben wird. Turgenieff historica Russiae monimenta I. 153. Ich gebe die Worte wieder, wie sie dort gedruckt sind.

266) Ebendas. 153. Ueb. d. Strelitzen s. Herrman, Gesch. d. russ. Staats III. 351. Ueb. d. franz. Gensdarmen s. Freiherr v. Schwartzenau, der Konnetable Karl von Bourbon, S. 6.

267) Turgenieff I. 153.
268) Herrmann, Gesch. d. russ. St. III. 354.
269) S. 147. Arndt, liefl. Chr. II. 217.
269) S. 148. Salomon Henning, lifflandische Chronica p. 1[b].
270) Index corpor. histor.-dipl. II. No. 3159.
271) Ebendaselbst Nr. 3160.
272) Karamsin VII. 478. Anmerk. 269.
273) Rüssow, Chronica der Provintz Lyffland. Barth 1584. p. 32[b].
274) Ebendaselbst p. 29.
275) Arndt, liefl. Chr. II. 211 u. 212.
276) Salomon Henning Chronica p. 5.
277) Ebendaselbst p. 7.
278) Ebendas. p. 8 zum J. 1556.
279) Arndt, liefl. Chr. II. 220.
280) Salomon Henning p. 8[a] u. 9.
281) Kelch 219—221. Dogiel, cod. dipl. Poloniae V. 210 u. ff.
282) Cruse, Curland unter den Herzögen I. 25. Mittheil. a. d. G. der Gesch. VI. 488.
283) Henning p. 11[b].
284) In dem Schreiben, welches Iwan IV im Febr. 1554 an Eduard VI von England richtete, nannte er sich: Great-Duke of Novogrod, of Cernigo ..... Bealoscro, Liefland, Ondoria. So ist dies Schreiben wiedergegeben bei Hakluyt, the principal navigations etc. I. 255.
285) Arndt II. 217. Anmerk.
286) Karamsin VII. 408.
287) Hakluyt, the principal etc. I. 220.
288) Hughs Tagebuch ist bei Hakluyt I. 237 abgedruckt. Es schließt mit den Worten: Then sent we three men Southeast three dayes journey, who returned without finding of people or any similitude of habitation.
289) Karamsin VII. 380 u. folg.
290) Die hanseatische Tagefahrt beschäftigte sich schon im Jahre 1556 mit dieser Sache. Burmeister, Beiträge 67. 68. 120.
291) Ueber die Gründung der Stadt Helsingfors s. Geijer II. 122.
292) Dalin, schwed. Gesch. III. 344. 351. 360.

293) Schon König Christian I nahm im Jahre 1455 wieder den Titel eines Herzogs von Estland an, nachdem ihm der deutsche Orden einige der dortigen Gebiete zugesagt hatte, um von dem Könige Hülfe gegen Polen zu erhalten; Dahlmann, Geschichte von Dänemark III. 198. Charles Danzay, der Gesandte Heinrichs III von Frankreich beim dänischen Hofe, schreibt im Jahre 1575 an den Staatssecretair Pinart: Le roi de Dannemark en (von Livland) tient aussi une partie et proposa au traité de paix, à Stetein, que ses prédécesseurs en avaient donné la possession (ou dominium) aux chevaliers de Livonie, mais qu'ils s'en estoient retenu la souveraineté et que ce droict leur avoit esté confirmé par l'empereur Charles V (?) s. diesen Gesandtschaftsbericht in Louis Paris, la chronique de Nestor Paris 1834. I. 335—375.

294) Karamsin VII. 428. giebt das Schreiben Gustav Wasas. Ueber die dänische Gesandtschaft s. von Adelung, Reisende in Rußland. Index II. No. 3207.

295) Joannis Levenclavii de Moscovitarum bellis commentarius 14[b] in Starczewski histor. Ruthen. script. exteri I. Levenclavius, auch Löwenklau oder Lewenclau, war selbst in Livland und soll im Jahre 1593 als kaiserlicher Rath in Wien gestorben sein. W. Juntmann hat mich darauf aufmerksam gemacht, daß Lewenclau, der von Geburt ein Westfale war, seinen Namen von seinem Geburtsorte Lövelingloh, einem Schultzenhofe im Kirchspiele Amelsbüren, zwei Stunden von Münster, erhalten hat.

296) Henning, Chronica 20[a].

297) Mittheil. a. d. Gebiete u. s. w. II. 108. S. über alle diese Angelegenheiten auch Wurm, eine deutsche Colonie; III. der Abfall in Schmidts histor. Zeitschrift VI. 412 u. folg.

298) Mittheil. II. 110.

299) Henning 23[a]. Index No. 3224. Herrmann, Gesch. von Rußland III. 164.

300) Geijer II. 162.

301) Kelch 238.

302) Henning 19[b].

303) Ebendaselbst 20 u 21. Dogiel, cod. dipl. Pol. V. 223 u. ff.

304) Mittheilungen VI. 44.

305) Henning 31ᵇ. Dogiel V. 238.

306) Lüntzel, Schloß Steinbrück und Jürgen Wullenweber; den Mitgliedern des Vereins für Kunde der Natur und Kunst im Fürstenthum Hildesheim und der Stadt Goslar. 1849. s. S. 75 u. 82.

307) Grautoff, lüb. Chr. II. 411.

308) Lappenberg, Gesch. d. Stahlhofes 71. 119. Art. XLVIII. des Statutenbuches. Burmeister, Beiträge 166.

309) Lappenberg, hanseat. Urkundenbuch 3.

310) Ebendaselbst 123.

311) Lappenberg, Gesch. d. Stahlh. 42.

312) Berckmanns Stralsundische Chronick 163.

313) Ueber alle diese Verhältnisse s. Burmeister, Beiträge 59. und die im Anhange dort abgedruckte Beschwerdeschrift der englischen Kaufleute über Bedrückungen in den Hansestädten vom Jahre 1422.

314) Pauli, lübeckische Zustände u. s. w. 37.

315) Burmeister, Beiträge 58. Anmerk.

316) S. die betreff. Recesse bei Werdenhagen.

317) Lappenberg, Gesch. d. Stahlhofes 42 u. 43.

318) Grautoff, lüb. Chr. II. 128.

319) Ebendas. 133. Lappenbergs Stahlhof 49 u. 50.

320) Original letters written during the Reigns of Henry VI etc. ed. by John Fenn. I. 159 u. folg. ..... there was not so great a battle upon the sea this forty winters; and forsooth we were well and truly beat. p. 161. s. auch Lingard, history of England V. 207.

321) Lappenberg, Gesch. des Stahlhofes 52.

322) R. Kocks, Erzählung von Pawel Beneken in Grautoff II. 701 ff.

323) Memoires de Messire Philippe de Comines. Londres 1747. I. 156. Die Worte gehören zum Jahre 1470 und nicht, wie ich im Texte angegeben, zum Jahre 1472.

324) Lappenberg, Gesch. des Stahlhofes 54. 92 u. 93.

325) Dahlmann, Gesch. von Dänemark III. 252 u. folg.

326) Nach Geijers Angabe I. 243 protestirten Svante Sture u. Henning Gad auch gegen diesen Beschluß des Rathes.

327) Grautoff II. 313.

328) Jahn, Unionskongerne 433. und Waitz, Schleswig-Holsteins Geschichte II. 97.; beide nach N. Kock.

329) Waitz, a. a. O. II. 99 u. f.

330) Für den Zeitabschnitt von 1529—1531 ist von Wichtigkeit das „Tagebuch eines Augenzeugen und Beförderers der Reformation," herausgegeben von Petersen. Lübeck 1830. Ebenso Becker, Gesch. von Lübeck II.

331) Ueber Brömse s. Köhlers Münzbelustigungen XVIII. 148 u. f.

332) Zeitschrift des Vereins für hamburg. Geschichte III. 110 u. 111.

333) Petersens Tagebuch 37. Ebendaselbst heißt es S. 101: „... und koren van den kopluden Harmen Huttenberch und Jürgen Wullenwever."

334) Wurm, eine deutsche Colonie II. Die hanseatische Colonialpolitik in Schmidts allgem. Zeitschrift für Gesch. VI. 99.

335) »clauso illis (sc. Hollandis) Hellesponto Danico« Chytraei chronicon Saxoniae p. 387.

336) »a se ipso legatus« ibid. p. 398.

337) Aktstykker til Nordens historie i Grevefeidens Tid. Samlede og udgivne af Fyens Stifts literaere Selskab. Odensee 1850. I. 11. Den Vertrag s. H. C. de Reedtz répertoire des traités conclus par la couronne de Dannemarc p. 62.

338) Ranke, deutsche Gesch. im Zeitalter der Reformation. Dritte Ausgabe III. S. 468 u. 469. — Arrild Huitfelds Kronicke p. 1406. Waitz, Gesch. Schleswig-Holsteins II. 216. 219.

339) Kirchring u. Müller, Auszug aus lübischen Chronicken 190 nach N. Kock, und Kantzow, pommersche Chronik 210. Ueber Oldendorps Herkunft s. Barthold, Gesch. von Pommern und Rügen IV. 253. Ueber M. Meier s. Ranke, deutsche Gesch. III. 467 u. Barthold, die Bürgermeisterfehde in v. Raumers histor. Taschenb. VI. Jahrg. 1835. S. 32 u. f.

340) Allgem. Monatsschrift für Wissenschaft und Literatur. Dezember 1852. Jürgen Wullenwever; zweiter Art. von G. Waitz S. 1120 und 1121.

341) Lappenberg hat dies aus den engl. Geheimerathsprotocollen nachgewiesen in der Zeitschrift des Vereins für hamburg. Gesch. III. 190—192.

342) Wurm, die politischen Beziehungen Heinrichs VIII zu Marcus Meyer und Jürgen Wullenwever, erläutert aus den Cottonschen Handschriften im britischen Museum. Osterprogramm des hamb. akadem. Gymnasiums. Hamburg 1852. 17 u. f. — S. auch den eben angeführten II. Art. von Waitz im Dezemberheft der allg. Monatsschrift 1119 u. f.

343) Hans Regkman, Lübeckische Chronick 174. — Zeitschrift d. Vereins f. hamb. Gesch. III. 192 u. f. — Die Rede, welche Dr. Lee damals in Lübeck hielt, ist auszugsweise mitgetheilt v. Altmeyer; s. Der Kampf democratischer und aristocratischer Principien zu Anfang des XVI. Jahrh., dargestellt von Altmeyer. A. d. Franz. mit einem Vorwort von C. F. v. Rumohr. S. 67 u. f. — Waitz, II. Art. über J. Wullenwever 1122 u. 1123.

344) Die Verschreibung vom 2. August 1534 über diese Anleihe s. in der Zeitschrift f. hamb. Gesch. III. 210. — S. auch Lappenberg, Gesch. des Stahlhofes; Urkunden S. 174. Wurm, die politisch. Beziehungen Heinrichs VIII u. s. w. 33. und Waitz, II. Art. über J. Wullenwever 1123 u. f. — Endlich auch Altmeyer, histoire des relations commerciales et diplomatiques des Pays-Bas avec le Nord de l'Europe 280. Der Entwurf zu dem weiteren Vertrage, über welchen damals zwischen Lübeck und dem Könige verhandelt worden ist, hat Altmeyer aus dem Brüsseler Archiv in den Beilagen des eben genannten Werkes S. 509 veröffentlicht.

345) Altmeyer, der Kampf democrat. u. arist. Principien 94. Wurm, die hanseatische Colonialpolitik in Schmidts allg. Zeitschrift für Gesch. VI. 127 u. f.

346) Berckmann, Stralsundische Chronik 46. u. Barthold, die Bürgermeisterfehde 77.

347) Hermann Bonnus, lübeckische Chronika.

348) Arrild Huitfeldts Kronicke 1416 u. f. — Barthold, die Bürgermeisterfehde a. a. O. 81 u. f.

349) Waitz, Gesch. Schleswig-Holsteins II. 228—233.

350) Akstykker til Nordens historie und dazu die Bemerkungen und Ergänzungen von Waitz im Novemberheft der allg. Monatsschrift 1851. p. 371 u. f.

351) Waitz, Gesch. Schleswig-Holsteins II. 227.

352) Arrild Huitfeldts Kronicke 1432, 1437, 1444 u. 1445. Barthold a. a. O. 119. setzt den Uebergang Ranzaus nach Fünen auf den 19. März.

353) Huitfeldt 1445.

354) Wurm, die polit. Bezieh. Heinrichs VIII. 27. Huitfeldt 1453.

355) Wurm, die polit. Bezieh. Heinrichs VIII. 35. nach den Akstykker S. 128.

356) Die Geschichte des lüneburger und lübecker Hansetages hat Wurm nach den Protokollen bearbeitet in dem II. Abschnitte seines Aufsatzes: Eine deutsche Colonie in Schmidts Zeitschr. VI. 138 u. f.

357) Becker, Gesch. von Lübeck II. 42 u. 91.

358) Waitz, Gesch. Schleswig-Holsteins II. 236 u. 237. und dessen I. Art. über J. Wullenwever im Novemberheft d. allgem. Monatsschrift 384. R. Kock erzählt aufs Bestimmteste, daß Wullenwever sich an den Herzog Heinrich von Mecklenburg habe senden lassen.

359) Regkman, lüb. Chronick 204 u. 205.

360) Die Verwendungsschreiben Heinrichs VIII an den Rath zu Hamburg und Bremen und an den Erzbischof von Bremen s. in der Zeitschrift des Vereins für hamburg. Gesch. III. Heft I. und in F. B. v. Bucholtz, Gesch. der Regierung Ferdinands I. Urkundenband S. 351 u. 352. — S. auch Waitzs Bemerkungen hierzu im Dezemberheft der allgem. Monatsschrift 1131.

361) Regkman 207.

362) Altmeyer, der Kampf democratischer und aristocratischer Prinzipien 120 u. 121. Das Verhör Wullenwevers siehe bei Ranke, d. G. im Zeitalter der Reform. VI. 266 u. f.

363) Regkman 213—218.

364) Wahrscheinlich in Folge dieses Freibriefes nahmen die lübecker Novgorodsfahrer das Bildniß des Großfürsten Boris Godunows in ihr Wappen auf. Die Umschrift dieses Siegels, welches sich auf dem Titel des vorliegenden Werkes befindet, lautet: Siegel der Aelterleute (Olderlüde) der Novgorodsfahrer zu (to) Lübeck.

365) Wurms Auffsatz über die Hansa in Rotteks u. Welckers Staatslexicon, zweite Ausgabe S. 339.

Zeitfracht Medien GmbH
Ferdinand-Jühlke-Straße 7
99095 Erfurt, Deutschland
produktsicherheit@kolibri360.de